Band 1
der Schriftenreihe
Angewandter Naturschutz

D1734483

Biotopvernetzung
in der Kulturlandschaft

Symposiumsbericht

IMPRESSUM

Herausgeber:	Naturlandstiftung Hessen e.V. Am Römerkastell 9 6350 Bad Nauheim
Schriftleitung:	Diplom-Biologe Sven Deeg
Redaktion:	Diplom-Geograph Werner Kirchner
Herstellung:	Druckerei Carl Bindernagel GmbH, Friedberg

Bad Nauheim 1987
Alle Rechte vorbehalten
ISBN 3-926411-00-7

Bericht

über das Symposium

BIOTOPVERNETZUNG IN DER KULTURLANDSCHAFT

veranstaltet von der

Naturlandstiftung Hessen e.V.

in Lich am 15.August 1986

Schriftenreihe der Naturlandstiftung Hessen e.V.

Band I

Schriftenreihe der Naturlandstiftung Hessen e.V.:

Band 1: NATURLANDSTIFTUNG HESSEN E.V. (Hrsg.), 1987: Biotopvernetzung in
der Kulturlandschaft. Symposiumsbericht.

Band 2: WOLLENHAUPT,H. ,BARTH,W., 1987: Erfassung und Renaturierung hessischer
Kies- und Sandabbaustätten.
- In Vorbereitung -

Band 3: BROCKMANN,E. 1987: Natur im Verbund. Theorie für die Praxis.
- In Vorbereitung -

Zu beziehen durch: Naturlandstiftung Hessen e.V.
Am Römerkastell 9
6350 Bad Nauheim

INHALTSVERZEICHNIS Seite

V O R W O R T
=============

Naturschutz ist nicht nur "Sicherung der Lebensgrundlage unserer heimischen Tier- und Pflanzenarten". Naturschutz ist die wichtigste Voraussetzung zur Erhaltung der Lebensgrundlage des Menschen.

Alleine deswegen darf man den Naturschutz nicht in Schutzgebiete mit musealem Charakter verbannen:

Die Ausweisung von Schutzgebieten alleine, als Inseln in einer belasteten Landschaft, reichen nicht aus, diese Aufgaben zu erfüllen.

Deshalb müssen die Schutzgebiete durch zahlreiche kleinere zwischengelagerte Biotope vernetzt werden. Darüber hinaus ist eine Extensivierung der Landnutzung auf breiter Front nicht nur aus Gründen der Entlastung unserer Agrarmärkte wünschenswert.

Als wir bei der Gründung der Naturlandstiftung Hessen diesen Gedanken der Biotopvernetzung aufgriffen, war uns bewußt, daß dieses Ziel nur gemeinsam mit allen Interessenverbänden zu erreichen ist. So zählen wir mittlerweile neben den hessischen Naturschutzverbänden, dem Land Hessen und einem Großteil der hessischen Landkreise, Städte und Gemeinden auch zahlreiche kulturelle Vereine und Industrieunternehmen zu den Trägern der Stiftung, die im September 1982 zunächst aus der hessischen Jägerschaft hervorging.

Die Naturlandstiftung Hessen steht heute jedem Bürger offen, der ihre Satzungsziele unterstützen.

Die Teilnehmer der ersten Symposiums "Biotopvernetzung in der Kulturlandschaft" brachten dieses breite Spektrum der Mitglieder der Naturlandstiftung Hessen e.V. zum Ausdruck. Besonders erfreut waren wir über das Interesse und die Teilnahme zahlreicher Abgeordneter der Kommunen und des Hessischen Landtages, die durch ihre Entscheidungen letztlich unsere hessischen Bemühungen zum Schutze der Natur zu einem Erfolg lenken können. Ihre Anteilnahme an der hessischen Naturschutzarbeit zeigten auch zahlreiche, aus anderen Bundesländern angereiste Zuhörer.

Die Vernetzung von Biotopen in unserer Kulturlandschaft einhergehend mit der Extensivierung der Bodennutzung müssen das Hauptanliegen der Bemühungen um die Sicherung der Lebensgrundlage unserer heimischen Tier- und Pflanzenarten - der Lebensgrundlage des Menschen - sein!

Lich, den 15. Aug. 1986

Karl- Heinz Schuster
Vorstandsvorsitzender
der Naturlandstiftung Hessen e.V.

Grußworte

Bürgermeister Ludwig Seibold, Stadt Lich

Meine sehr verehrten Damen, meine Herren,
liebe Biotop - Vernetzer!

Im Namen des Magistrats der Stadt Lich und der Stadtverordnetenversammlung
heiße ich Sie herzlich willkommen im Herzen Hessens, im Herzen der Natur,
und in einer Stadt, die Mitglied der Naturlandstiftung Hessen e.V. ist.

Ich freue mich, Gäste aus ganz Deutschland unter uns zu wissen, und ganz
besonders über die Zusammenkunft der Fachleute im Naturschutzbereich;
über das hier versammelte Fachwissen.

Mit einer solchen Veranstaltung - Symposium "Biotopvernetzung in der Kulturlandschaft in Verbindung mit dem Hessischen Naturschutztag 1986 kann sich
auch die Stadt Lich einmal mehr in das Zentrum ökologischer Beobachtungen
bewegen.

Lich, die Stadt des Bieres, und insbesondere die Hessen kennen den für
eine Werbung gebrauchten Slogan: "Im Herzen der Natur", ist eine Stadt,
die ihre Aufgaben und Interessen der Erhaltung und Pflege der Landschaft
und in der Zielsetzung, die Verbreiterung der Basis für die heimische
Flora und Fauna ernstnimmt.

In vielfältigen und umfangreichen Maßnahmen für den Naturschutz hat die
Stadt Lich ihr Engagement gesetzt wie z.B.

- Anlage von Feucht- und Trockenbiotopen
- Bereitstellung von Flächen für die Naturlandstiftung und die
  Hessische Gesellschaft für Ornithologie und Naturschutz
- Renaturierung der Wetter
- Naturnahe Flächenbewirtschaftung über Pachtregelungen
- Durchführung von Flurbereinigungsmaßnahmen und
- das Programm zur Wiedereinbürgerung des Weißstorches.

Manche Aufgabe wurde unterstützt durch den Einsatz von Arbeitsbeschaffungs-
maßnahmen und Prioritätenlenkung der ständigen Arbeitskräfte.
Und das alles geschah mit dem Bürger.

Die Stadt Lich begrüßt aber auch ihre Gäste als Siedlungsort zwischen
Vogelsberg und Wetterau mit einer nahezu 1.200-jährigen Geschichte und
vielen historischen Sehenswürdigkeiten.
        Nicht nur die letzten 1.200 Jahre haben ihre Spuren hinterlassen.
Schon in prähistorischer Zeit, in keltischer und römischer Zeit, war
dieses Gebiet besiedelt.

Lich, d.h. 72 km^2 in einer Lage von 150 - 270 m über NN, davon 50 % landwirtschaftliche Nutzfläche, und etwa 1/3 Wald.

Der Rest sind Wege, überbaute Flächen, naturnah bewirtschaftete oder Natur-
schutz- und Wasserflächen;

Die Kernstadt und weitere 8 Stadtteile mit insgesamt 11.300 Einwohnern
machen diese Stadt aus.

Kurze Entfernungen zum Rhein - Main - Ballungsraum und zur Kreisstadt
Gießen über leistungsfähige Autobahnen und Bundesstraßen - einschließlich
Anschluß an die Deutsche Bundesbahn und andere Träger des öffentlichen
Personennahverkehrs, bietet Lich für Industrie und Gewerbe, sowie als
Wohnstandort.
Hinzu kommt aufgrund der naturräumlichen Lage noch die Naherholung und
der Fremdenverkehr.

Diese strukturelle Vielseitigkeit auf einen gemeinsamen Nenner der kommunalen Politik zu bringen, bei fünf Fraktionen im Stadtparlament, ist keine
leichte, aber letztlich doch eine schöne Aufgabe.

Ich hoffe, daß Sie trotz des umfangreichen Programms in diesen Stunden
auch die Zeit finden, diese Stadt etwas näher kennenzulernen. Beispielsweise auch die Maßnahmen in der städtebaulichen Sanierung und Stadtver-
schönerung.

In Verbindung mit dem, was Küche und Keller in dieser Stadt in Oberhessen
zu bieten hat, wünsche ich Ihnen frohe Stunden hier im "Herzen der Natur".

Grußworte

Landrat Rüdiger Veit, Kreis Gießen

Namens des Landkreises Gießen heiße ich Sie herzlich zu diesem Symposion willkommen. Ich danke der Naturlandstiftung Hessen dafür, daß sie unseren Kreis als Tagungsort ausgewählt hat, um dieses hochaktuelle Thema von hochkarätigen Fachleuten zum Wohle unserer Natur abhandeln zu lassen. Ich erhoffe mir von den Beiträgen auch konkrete Hinweise für die Arbeit, die wir im Landkreis Gießen bereits begonnen haben.

Meine Damen und Herren, Natur- und Umweltschutz sind heute Begriffe, die für die Politik auf allen Ebenen große Bedeutung erlangt haben. Die Gründe sind, zumindest in diesem Kreise, weitgehend bekannt. Zu lange haben wir unserer Umwelt weniger Bedeutung beigemessen, als ihr zusteht. Zu oft wurde wider die Bedürfnisse der Natur gesündigt, ohne die wir letztendlich nicht leben können. Zu gläubig waren viele Menschen, wenn es um den vermeintlichen Fortschritt ging, dem ohne große Bedenken auch weite natürliche Bereiche geopfert wurden.
Unser großes Ziel heißt heute, den Menschen wieder mit der Natur zu versöhnen. Wer sich mit der Praxis dieses Unterfangens befaßt, erkennt rasch, wie schwer und vielschichtig diese Arbeit ist. Die Gesetzgebung, die für diese Zielsetzung vorhanden sein muß, ist vielfach erst im Werden begriffen. Auch die Praktiker streiten noch häufig über die richtigen Wege. Der Umdenkungsprozeß beim Bürger, ohne den wir eigentlich nichts ausrichten können, hat begonnen und muß weiter gefördert werden.
Dazu sind klare Worte am ehesten dienlich. Wir vergraulen die Menschen, wenn wir, jeder aus seiner Ecke heraus, kontrovers diskutieren, ohne zu einem Grundkonsens zu kommen. Wer nur schimpft, bewegt am Ende gar nichts.
Wir haben als Kreis eine Fülle von kleinen Schritten eingeleitet, die dem Ziel dienen, das heute eingehend diskutiert werden soll. Wir streben an, die vorhandenen Biotope zu schützen, neue zu ermöglichen, ein Netzwerk von Stützpunkten für rar gewordene Pflanzen und Tiere zu ermöglichen und zu sichern. Daß dabei Widerstände auftauchen, liegt in der Natur der Dinge. Man kann nicht auf der einen Seite Privilegien erteilen, um auf der anderen Seite nichts nehmen zu wollen. Wir arbeiten dabei als Landkreis mit unserer Unteren Naturschutzbehörde, aber auch der Bauaufsicht, an vorderster Front. Wir erleben hautnah, wie wir in Interessen und Gewohnheiten eingreifen müssen.
Gelegentlich geraten wir dabei unter erheblichen Druck, sind aber bestrebt, den Umwelt- und Naturschutz im Sinne des Gesetzgebers - und der sind wir letztendlich alle selbst - durchzusetzen. Je mehr Schützenhilfe wir dabei bekommen, aus Verbänden, vom Gesetzgeber, aus den Reihen der Wissenschaftler, desto besser können wir unsere Hausaufgaben machen.
Die heutige Fachtagung kann also sehr nützlich sein. Ich wünsche uns allen eine rege, lehrreiche Aussprache, aus der wir Nutzanwendungen für unsere praktische Aufgabe ziehen können. Ich spreche diese Hoffnung stellvertretend für 228 000 Kreisbürger in 18 Städten und Gemeinden aus, die eine Kreisfläche von 855 Quadratkilometern bewohnen und sicherlich sehr daran interessiert sind, ihren Horizont in Sachen Natur- und Umweltschutz noch zu erweitern.

Grußworte

Staatsminister Joschka Fischer,
Hessisches Ministerium für Umwelt und Energie

Meine sehr verehrten Damen und Herren,
liebe Naturfreunde!

In Vertretung des Herrn Ministerpräsidenten begrüße ich Sie recht herzlich
zu Ihrem heutigen Symposium hier im Bürgerhaus in Lich.
Biotopverbund und Kulturlandschaft - oder besser:
Biotopverbund und bäuerliche Kulturlandschaft -
gehören zusammen.
In der Tat bedingt der kleinflächige Wechsel in der Ausprägung der natür-
lichen Standortfaktoren und der ebenfalls kleinflächige Wechsel in der
traditionellen Bodennutzung ein reichhaltiges Mosaik an unterschiedlichen
Lebensräumen für Pflanzen und Tiere. Diese durch den Menschen geprägte
Vielfalt der Kulturlandschaft ist weit größer, als sie ohne menschlichen
Eingriff möglich wäre.
Trotz dieser engen Beziehungen zwischen Kulturlandschaft und Biotopviel-
falt gibt es aber heute Anlaß, die Frage nach Biotopverbundsystemen zu
diskutieren. Die Umwandlung und Veränderung eben dieser Kulturlandschaft
macht eine solche Diskussion notwendig.
Sie, die sich über viele Jahrhunderte zu jenem komplizierten Beziehungs-
gefüge entwickelt hat, das die älteren Bürgerinnen und Bürger unter uns
noch kennen, wurde innerhalb nur weniger Jahrzehnte so grundlegend über-
formt, daß sich sehr häufig der ursprüngliche Charakter der Landschaft kaum
noch erahnen läßt.
Aus der Kulturlandschaft ist die Agrarlandschaft geworden.
In den Ballungsgebieten, wie dem Rhein-Main-Gebiet, hat sich eine groß-
flächige Industrie- und Stadtlandschaft herausgebildet, in der Elemente
der Kulturlandschaft in weiten Teilen fehlen oder zumindest stark zurück-
treten.

Die Ursachen für diesen Vorgang sind komplex.
Die Industrialisierung des wirtschaftlichen Lebens hat in den letzten Jahr-
zehnten auch die Landwirtschaft erreicht.
Sie hat zu einem Strukturwandel geführt, der sich erheblich auf
Landschaftshaushalt und Landschaftsstruktur auswirkt.
Gleichzeitig wurden flächenzehrende neue Verkehrswege geschaffen.
Neue Siedlungen und Industrieanlagen, neue Freizeit- und Infrastruktur-
einrichtungen haben die freie Fläche zusammenschrumpfen lassen.

Lassen Sie mich zunächst einige Beispiele aus der Landwirtschaft nennen:

- die Vergrößerung der Schläge führte zu einer Reduzierung des klein-
  flächigen Wechsels verschiedener Biotope
- Melioration und Düngung führten zur Nivellierung der Standortbedingungen.
  Ökologisch bedeutsame, aber unproduktive, weil nährstoffarme oder nasse
  Standorte verschwanden.

- Die Spezialisierung und die Anpassung an den Markt führten zur Verringerung der Vielfalt der Bodennutzungen und zu Monokulturen.
- Die Intensivierung der Bodenbearbeitung und der Einsatz von sogenannten Schädlingsbekämpfungsmitteln führten zu einer Artenver-
armung.
Aus den "Agrarbiozynosen" sind "Technozynosen" geworden:
Dünge- und Spritzmittel aus der Chemiefabrik sowie technisches Gerät
sind zu den bestimmenden "ökologischen" Größen geworden.
Es sollte nicht vergessen werden, daß diese Veränderungen der bäuer-
lichen Landwirtschaft durch massive staatliche Förderung unterstützt
wurden.
Es war die bisherige Agrarpolitik, die die Bauern zu diesen Rationali-
sierungen und zu massivem Einsatz der Chemie gezwungen hat.
Dabei wurden sie,bei zunehmender Produktivität, immer ärmer.
Heute ist die Erhaltung der kleinen und mittleren Höfe, bei gleich-
zeitiger Förderung einer naturnahen Produktion ein wichtiges umwelt-
politisches Ziel geworden.

Neben diesen häufig direkt wahrnehmbaren Veränderungen von Natur und
Landschaft haben die Einwirkungen auf die primären ökologischen Faktoren
wie Luft, Wasser und Boden ein bedrohliches Ausmaß angenommen. Auch diese
Veränderungen wirken letztlich wieder auf die Lebewesen, auf Pflanzen,
Tiere und nicht zuletzt auf den Menschen, also auch auf uns, die wir
hier versammelt sind, zurück. Die Schadstoffbelastung der Luft durch
Industrie, Verkehr und Hausbrand bedroht nicht nur unsere Wälder, wobei
die indirekten Auswirkungen auf Wasserhaushalt und Klima kaum abzu-
schätzen sind, sondern auch unsere Gesundheit.
Umweltpolitik kann heute nicht mehr isoliert in einem Bereich, noch nicht
einmal in einem Land, betrachtet werden.
Die komplexen Zusammenhänge zwischen verschiedenen Umweltgefahren erfordern eine konzentrierte, aufeinander abgestimmte Naturschutz- und
Umweltpolitik. Dies heißt in Stichworten

- eine Politik der "anlagenbezogenen Schadstoffvermeidung" soll die
Ersetzung schadstoffhaltiger Produkte oder Produktionsweisen durch
umweltfreundlichere erreichen oder zumindest dafür sorgen, daß die
Schadstoffe durch Rückhaltung an der Anfallstelle aus dem Biozyklus
ferngehalten werden.
- Die Vermeidung von Abfällen und die Wiederverwertung aller wiederver-
wertbaren Abfallbestandteile zielt auf eine Entlastung wertvoller
Deponieflächen und auf einen schonenden Umfang mit Ressourcen.
- Eine rationelle und sparsame Verwendung von Energie ermöglicht den
Verzicht auf die Atomkraftnutzung, die uns nicht kalkulierbare Risiken
und unseren Enkeln jahrtausende lang strahlenden Müll hinterläßt.
Ich halte dies politisch und moralisch für nicht verantwortbar.
Und ein weiterer Schwerpunkt:
- Durch konsequente Anwendung der Landschaftspflege und dem Naturschutz
zur Verfügung stehenden Instrumentarien soll versucht werden, unsere
Lebensgrundlagen langfristig zu erhalten.

Die Einbeziehung von Naturschutz und Landschaftspflege in eine solche umfassende Umweltpolitik bedeutet letztlich deren Aufwertung.

Aus diesem Grunde kann ich es nur begrüßen, wenn die Bundesregierung dem
hessischen Beispiel jetzt gefolgt ist und den Naturschutz aus dem Landwirt-
schaftsministerium in ein Ministerium für Umwelt und Naturschutz übernommen
hat.
Naturschutz und Landschaftspflege werden ihre Eigenständigkeit noch mehr
betonen und aus ihrem Schattendasein hervortreten müssen, wenn sie ihren
gesetzlichen Aufträgen gerecht werden sollen.

Die Durchsetzung der Naturschutzbelange erzeugt, wie das zum Beispiel die
Auseinandersetzungen um das Verbot von Motorsportveranstaltungen während der
Vegetationsperiode gezeigt hat, erhebliche Widerstände bei einer einfluß-
reichen Lobby.
Dasselbe gilt für andere Naturschutzinteressen:
Die geplante Sicherstellung von über 200 Naturschutzgebieten in Hessen wird
hierfür in allernächster Zukunft abermals ein deutliches Lehrbeispiel ab-
geben. Ich darf Ihnen versichern, daß ich mich hierbei, soweit es möglich
ist, um Konsens bemühen werde, daß ich aber den Konflikt nicht scheuen
werde, so er nötig ist im Interesse des Naturschutzes.
Die Umsetzung der Ziele des Naturschutzes ist im Naturschutzprogramm beschrieben, an dessen Aufstellung die Verbände maßgeblich beteiligt waren.
Ich möchte hierfür noch heute nochmals meinen Dank und meine Anerkennung aus-
sprechen.
Es hat sich allerdings gezeigt, daß die Belange von Naturschutz und Landschaftspflege weit über den Inhalt des vorliegenden Naturschutzprogrammes
hinausgehen.
Sie machen die Aufstellung eines umfassenden Landschaftsprogrammes nötig,
in dem unter anderem auch der Landschaftsplanung einschließlich der Land-
schaftsrahmenplanung, der Umweltverträglichkeitsprüfung und dem Bodenschutz
als Instrumentarien eine umfassende Naturschutz- und Umweltpolitik ein hoher
Stellenwert zugeordnet wird.
Als eine aktuelle und vordringliche Aufgabe ist die Sicherung der wenigen
noch verbliebenen Biotope und ihre Pflege zu sehen.
Sie von der Naturlandstiftung haben sich die Erhaltung und Entwicklung von
Grundflächen zur Sicherung des Lebensraumes von freilebenden Tier- und
Pflanzengesellschaften als Aufgabe gestellt.
Das Ziel der Schaffung eines landesweiten Netzes von Ökoflächen ist eine
Aufgabe, die der staatliche Naturschutz alleine nicht zu leisten vermag.
Sie leisten damit ein gutesStück praktischer Naturschutzarbeit, die Unter-
stützung verdient.
Ich wünsche Ihnen bei Ihrer Arbeit viel Erfolg.

Eines möchte ich jedoch zum Schluß noch betonen:

Das Ziel einer vernünftigen Naturschutzpolitik kann es nicht sein, eine
ansonsten tote und lebensfeindliche Agrarwüste mit einem Netz von wertvollen
Lebensstätten zu garnieren.

Ziel ist es vielmehr, wieder eine Kulturlandschaft zu schaffen, in der die
gesamte Vielfalt von Lebensformen ihren Platz hat und in der auch die
Bauern ihren Lebensunterhalt erwirtschaften können.

Nur wenn uns das gelingt, wird es möglich sein, den Artenschwund zu stoppen
und die natürliche Vielfalt dauerhaft zu sichern.

Ich wünsche Ihnen einen erfolgreichen Arbeitstag.

ARTENKARTIERUNG IN HESSEN

Hans-Joachim Böhr

Zusammenfassung

Bei der Artenkartierung wird das Vorkommen der wildlebenden Tier- und wildwachsenden Pflanzenarten und im Laufe der Zeit sich ergebende Veränderungen erfaßt und ausgewertet.

Da die Erhaltung der Artenvielfalt das zentrale Anliegen des Naturschutzes ist und die Tier- und Pflanzenarten die Grundelemente jeder Lebensgemeinschaft in der Natur bilden, kommt deren aufmerksamer Beobachtung eine hohe Bedeutung für die Erfolgskontrolle von Naturschutzmaßnahmen zu.

Aus dem Vergleich alter und aktueller Artenkartierungen werden auch Erkenntnisse abgeleitet, die zu den Grundlagen für die Erstellung von Roten Listen bestandsgefährdeter Tiere und Pflanzen beitragen.

Die Einbeziehung einer Artendatei in ein landesweites EDV-gestütztes Landschaftsinformationssystem erscheint daher sinnvoll.

Artenkartierung in Hessen

1. Begriff

Unter Artenkartierung sei hier in einem weiten Sinne die Erfassung und Darstellung des Vorkommens wildlebender Tier- und wildwachsender Pflanzenarten verstanden.

Im einzelnen geht es dabei um

- Verbreitung und Veränderungen in der Verbreitung der Tier- und Pflanzenarten,
- Bestandsdichte und Bestandsentwicklung,

sowie damit verbunden und darauf aufbauend

- Gefährdung und Rückgangsursachen,
- Rote Listen.

Unterschiedlichen Zielrichtungen und Möglichkeiten entsprechend erfassen derartige Kartierungen das gesamte Areal einer Art oder abgegrenzte Teile, z.B. selbständige Populationen oder naturräumliche Einheiten, aber auch nach nicht-naturkundlichen Gesichtspunkten festgelegte Bereiche, wie z.B. das Bundesland Hessen, Planungsregionen oder einzelne Objekte (z.B. Schutzgebiete).

2. Verfahren

In einem umfassenden Sinne ist es zweckmäßig und wünschenswert, wenn Artenkartierungen die zeitliche Entwicklung mitberücksichtigen.

Zu den Aufgaben der Artenkartierungen gehören somit:

- Auswertung von Tiersammlungen und Herbarien (Funddatum und -ort),
- Auswertung von Fachveröffentlichungen und Aufzeichnungen Fachkundiger,
- Arbeit im Gelände (eigentliche "Kartierung").

Derartige Grundlagen sind in der Vergangenheit auf vielerlei, meist zufällige Art und Weise zusammengetragen worden und dementsprechend lückenhaft. Heute geht das Bestreben dahin, zu Verbesserungen der Artenkartierung
zu gelangen durch planvolles und systematisches Vorgehen. Ferner dahin,
die gewonnenen Erkenntnisse so aufzubereiten, daß ein rascher und zen-
traler Zugriff sowie eine Verknüpfung mit den Unterlagen anderer Bear-
beiter möglich wird. Technische Voraussetzungen hierzu bietet die elektronische Datenverarbeitung.

Es ist jedoch im Auge zu behalten, daß die "Fülle der Natur" auf der
einen und die beschränkten Möglichkeiten auf der anderen Seite der Ge-
winnung der Grunddaten sehr spürbar Grenzen setzen:

- 77.000 Tier- und Pflanzenarten kommen in der Bundesrepublik Deutschland vor,

- nur über 20.000 davon (25 %) liegen verwertbare Kenntnisse bezüglich
  des Gefährdungsgrades vor,

- von diesen 20.000 wiederum sind 5.500 (28 %) in die neueste Rote Liste
  der Bundesrepublik aufgenommen worden.

Beschränkungen werden sich auch immer wieder daraus ergeben, daß nur für
eine begrenzte Anzahl von Tier- und Pflanzenarten ausreichend viele Fachleute mit der erforderlichen Artenkenntnis verfügbar sind.

Es müssen Lösungen gesucht werden, die nicht erfordern, in jedem Falle ganz
Hessen flächendeckend zu bearbeiten. Es gilt, nach Repräsentativverfahren zu
suchen, die auf kleinere Bezugsräume (Probeflächen, Weiserflächen) oder
"Indikatorarten" abzielen. Variationsmöglichkeiten ergeben sich ferner bezüglich der Kartierungsgrundeinheit: Tier- und Pflanzenvorkommen können punkt-
genau oder auf sog. Rasterflächen bezogen erfaßt werden. Als Beispiele
solcher "Raster" seien erwähnt: Meßtischblatt 1 : 25.000 oder Unterteilungen
davon, das Gauß-Krüger-Netz oder das UTM-Gitter. In diesem Punkte gibt es
noch eine Menge Meinungsunterschiede in der Runde der Kartierer, was davon
wohl das einzig richtige sei.

3. Anwendung

Wenn Einigkeit darüber besteht, daß die Erhaltung der Artenvielfalt von
Tieren und Pflanzen das Ziel der Naturschutzbemühungen im weitesten Sinne
darstellt, dann leuchtet es auch ein, daß Kenntnisse über die einzelnen
Arten und deren Status in der Natur zu den entscheidenden Arbeitsgrundlagen
gehören müssen.

Hierzu zählen insbesondere folgende Teildisziplinen von Zoologie und
Botanik:

- Systematik,

- Ökologie,

- Faunistik und Floristik,

- Gefährdung.

In engem Zusammenhang mit der Artenkartierung stehen darunter die letztgenannten, Faunistik und Floristik sowie Gefährdung.

Eine 1983 erschienene Zusammenstellung gibt einen Überblick über den
Wissensstand bezüglich der rund 45.000 Tierarten der Bundesrepublik
in den genannten Arbeitsgebieten. Danach ist nur die Systematik recht
gut (bei 70 % der Tiere) untersucht, die Ökologie überwiegend lückenhaft (57 %) oder wenig (36 %) und Faunistik/Gefährdung besonders wenig
(55 %) oder lückenhaft (39 %). Hier besteht also noch ein großes Defizit
an Forschung, die für den praktischen Naturschutz bedeutsam ist.

Bei der Begründung von Naturschutzanliegen (z.B. im Zusammenhang mit Land-
und Forstwirtschaft, bei Eingriffen in Natur und Landschaft, Planungen,
Schutzgebietsausweisungen, Artenhilfsmaßnahmen) wird - den Gepflogenheiten
technischer Planer folgend - zunehmend Wert auf nicht nur qualitative,
sondern auch quantitativ hergeleitete Aussagen gelegt.

Die Frage nach dem Artenspektrum eines Gebietes und dessen Veränderungen,
nach der Bestandsentwicklung einzelner Arten, nach den Ursachen und der
Größenordnung einer Bestandsgefährdung: zu diesen Grundfragen nach der Aus-
wirkung auf die Arten als eigentliche Elemente einer Lebensgemeinschaft
führt jede "Erfolgskontrolle" im Naturschutz zurück.

Diese aber lassen sich nur mit Hilfe von Artenerfassungen beantworten, die

- früher gewonnene Kenntnisse auswerten,

- aktuelle Erkenntnisse in Artenkartierungen festhalten und

- durch künftig wiederkehrende Erhebungen Aussagen über die Wirksamkeit heute in Angriff genommener Naturschutzmaßnahmen ermöglichen.

Dies gilt für ausgeführte oder verhinderte Eingriffe in Natur und Landschaft,
Wandlungen in den Bodennutzungen zum ökologisch "Guten" oder "Bösen" hin,
Erfolge oder Mißerfolge von Schutzgebietsausweisungen, Pflegemaßnahmen, Bio-
topgestaltungen oder Artenschutzmaßnahmen.

4. Derzeitiger Sachstand

Erstmals 1983 erfolgte eine bundesweite Bestandsaufnahme der vorhandenen
Artenerhebungen. Diese ergab für Hessen für 11 Tier- und Pflanzengruppen

Projekte verschiedenen Zuschnitts und verschiedener Träger. Zuzüglich 3
weiterer inzwischen in Angriff genommener Vorhaben beziehen sich diese
auf:

- Fledermäuse	- Mollusken	- Geradflügler, Ohrwürmer,
- Vögel	- Flußperlmuschel	Schaben
- Amphibien	- Käfer	- Flohkrebse
- Reptilien	- Schmetterlinge	- Floristische Kartierung
- Fische	- Libellen	- Orchideen

Mit den dabei gewonnenen Ergebnissen wird gearbeitet, aber es fehlt noch eine
zentrale Datenerfassung (Artendatei).

Dort ist mit sachkundigem Personal auch eine kontinuierliche Datenpflege sowie
eine vielseitige Auswertung auf EDV-Basis anzustreben.

Sinnvoll erscheint eine Anbindung an ein hessisches Landschaftsinformationssystem, an dessen Aufbau gearbeitet wird.

Angesichts der Fülle der vorkommenden Tier- und Pflanzenarten auf der einen
und der begrenzten Möglichkeiten auf der anderen Seite sowie aller sonstigen
Verpflichtungen des Naturschutzes ist es eine dauernde Aufgabe, den Aufwand
für Artenkartierungen in vertretbarem Rahmen zu halten. Dies bedeutet Suche
nach und Erprobung von Repräsentativverfahren.

Vorhaben müssen sich stets auch an den verfügbaren Fachleuten orientieren,
die Tier- und Pflanzenarten bestimmen können, die ausgewählten Tiere und
Pflanzen müssen relativ einfach aufzufinden, und über ihre Ökologie bereits
einiges bekannt sein.

Dr. Hans-Joachim Böhr
Hess. Ministerium für Umwelt und Energie
Dostojewskistr. 8
6200 Wiesbaden

FLORISTISCHE KARTIERUNG   IN HESSEN

Wieland Schnedler

Zusammenfassung

Im Referat wird das Kartierungsvorhaben vorgestellt, deren Zielsetzung erläutert und technische Daten zur Abwicklung gegeben.

Außerdem wird über die Erfahrungen zu der stattfindenden erschreckenden biologischen Verarmung unserer Landschaft, aus Sicht eines, während der ganzen Vegetationsperiode fast täglich im Gelände befindlichen Botanikers, berichtet.

Floristische Kartierung in Hessen

1577 bekam Herr Joachim Camerarius eine Zusendung von seinem Freund Johannes Thal:
Ein Manuskript mit dem Titel "Sylva Hercynia, sive Catalogus Plantarum sponte nascentium in Montibus, et logis vicinis Hercyniae, quae respicit Saxonium, conscriptus singulari studio, a Joanne Thalio Medico Northusano".(Der Harzwald, oder Verzeichnis der Pflanzen, die in den Bergen des Harzes, welcher hintenaus gen Sachsen schaut, und in seiner Nachbarschaft von selber wachsen, mit sonderlichem Fleiße verfaßt von Johannes Thal, Medicus in Nordhausen).

Zum erstenmal in der wissenschaftlichen Geschichte hat sich ein Mann die Mühe gemacht, das Vorkommen der Pflanzen um ihrer selbst willen zu dokumentieren. Damit ist der Beginn der Floristik gesetzt. Die vorangegangenen Werke beschäftigen sich immer nur mit den Pflanzen, die in irgendeiner Weise nutzbar zu machen sind (Heilpflanzen, Kulturpflanzen usw.).

Johannes Thal war der erste, der systematisch die Landschaft auf ihre pflanzliche Ausstattung hin beobachtete. Sein Werk gilt als erste Flora, die wir haben. Zum 400jährigen Erscheinungsjubiläum hat es einen Nachdruck gegeben.

Wenn wir uns in Hessen umsehen, dann brauchte es über 100 Jahre, bis etwas ähnliches in unserem Bundesland passierte. Es war Johann Jacob Dillenius, der seine Dissertation 1718 in Gießen vorlegte, und die dort wildwachsenden Pflanzenarten registrierte und dokumentierte. Das ist wohl unsere älteste umfassende hessische Flora. Wir haben noch einige kleinere Werke, Fundortangaben aus viel früheren Zeiten.
Die ältesten Fundortangaben für das Gebiet um Gießen, stammen von Dillenius. Diese Angaben geben uns die Möglichkeit, heute sehr genau nachprüfen zu können, was an Arten noch vorhanden ist. In erster Linie bemerken wir hier eine bisher nie gekannte Verarmung unserer Flora.

Wesentlich später wurde erstmals eine Rasterkartierung vorgelegt. Pflanzenverbreitungskarten auf einer solchen Rasterbasis fertigte der Gießener Professor Hermann Hoffmann (1879 bis 1889) in seinen "Nachträgen zur Flora des Mittelrheingebietes" an. Er hatte sein Untersuchungsgebiet in 49 quadratische Felder aufgeteilt, und dann die Felder markiert, in welchen die jeweilige Art beobachtet wurde.

Wenige Jahre später (1891) erscheint ein weiteres Florenwerk mit Raster-
karten:
Prof. A. Wigand "Flora von Hessen und Nassau" 2. Teil.
Beiden Autoren dienen die Rasterkarten zur besseren Übersicht über die
Pflanzenverbreitung, sie geben aber gleichzeitig die einzelnen Fundorte der
beobachteten Pflanzenarten an.
Zwischen Hoffmann und Wigand gibt es einen gravierenden Unterschied. Hoffmann hat sehr kritisch Literaturangaben oder andere Angaben übernommen.
Wiegand ist etwas leichtfertig bzw. leichtgläubig mit den ihm gemachten Angaben umgegangen. Hier muß man nochmals nachrecherchieren, ob diese Art denn
wirklich vorgekommen ist. Das Beispiel zeigt auch schon die Schwierigkeit
der Zusammenarbeit mit vielen Mitarbeitern. Man muß sehr kritisch alle Angaben prüfen.
Die beiden Arbeiten von Hoffmann und Wigand sind keine systematischen
flächenhaften Kartierungen. Es handelt sich vielmehr um mehr oder weniger
zufällige Beobachtungen, die in diese Floren eingegangen sind.
Hier gilt der Satz "Verbreitungskarten von Pflanzen zeigen sehr gut die
Wohnsitze der Floristen und Botaniker an". So müssen wir bis in unsere Tage
hinein eine äußerst ungleichmäßige Erforschung der hessischen Pflanzendecke
feststellen.

Im Jahre 1922 erfolgte ein Aufruf von Herrn Mattfeld, Botanisches Museum in
Berlin-Dahlem, eine floristische Kartierung durchzuführen. Mattfeld schreibt
in diesem Aufruf "rasche Fortschritte in der Kultivierung und Industrialisierung lassen erwarten, daß eine genaue Erfassung innerhalb weniger Jahre
schon zu spät ist".
Die Mattfeld-Kartierung ging von einem Raster von 250 x 250 m aus. Das
schien damals notwendig zu sein. Ich halte ein solch enges Raster immer
noch für erstrebenswert, aber es fehlt an Personal dazu.
Die Mattfeld-Kartierung ist dann durch die Kriegsumstände des 2. Welt-
krieges zum Erliegen gekommen.

Nach dem Krieg hat Prof. Meusel in Halle ein Teilgebiet ausgesucht, das
sog. Mittel-Deutschland, ein nach geographischen Daten abgemessenes Recht-
eck im ehemaligen Deutschen Reich.
Meusel hat mit ehrenamtlichen Kartierern dieses Vorhaben vorangetrieben. Es
liegen eine Reihe von Verbreitungskarten (auf Grundlage des 250 m - Rasters)
vor. Aber es fehlt auch da an geeigneten Personen, um flächendeckend das
Projekt zu bearbeiten.

Einen neuen Aufschwung erlebte die Rasterkartierung durch das Forschungs-
projekt der "Floristischen Kartierung Mitteleuropas", welche Ende der
60iger Jahre unseres Jahrhundert, von Wien aus gelenkt, in den mitteleuro-
päischen Staaten einsetzte. Auch hier mangelte es an guten Pflanzenkennern.
Es schien realistisch, auf Meßtischblatt-Raster (Blattschnitt des topographischen Kartenwerkes 1:25.000) zu kartieren. Das ist ein Gebiet, das
bei uns eine Flächengröße von ungefähr 11 x 11 km hat.
Die Mitteleuropa-Kartierung wurde von Prof. Ehrendorfer in Wien und für
Deutschland von Prof. Ellenberg in Göttingen geleitet. Auch in Hessen begann man, an dieser Kartierung zu arbeiten. Aus meiner Sicht ist diese Kartierung unbefriedigend. Die Ergebnisse sind oft sehr zufällig. Es fehlte
eine Koordinationsstelle, die Zusammenarbeit mit den ehrenamtlichen Mitarbeitern auch leisten kann.

Ich habe zwei Jahre in Schleswig-Holstein gearbeitet und bin dort mit Prof. E.W. Raabe zusammengekommen. Prof. Raabe hat in Schleswig-Holstein ein altes Kartierungswerk, was schon von Willi Christiansen begonnen war, mit ehrenamtlichen Mitarbeitern fortgesetzt. Von Prof. Raabe habe ich gelernt, wie man auch mit ehrenamtlichen Kartierern arbeiten kann und damit zu brauchbaren Ergebnissen kommt. Die "Floristische Kartierung in Hessen" ist auch eine Fortsetzung der bereits im Namen der "Mitteleuropa-Kartierung" durchgeführten Arbeiten. Der Bearbeitungsstand ist noch recht unterschiedlich. Ich habe um 1970 begonnen, einen eigenen Mitarbeiterstab für die Floristische Kartierung Hessens aufzubauen. Als günstig hat sich erwiesen, daß in der jüngeren Generation ein zunehmendes Interesse an der Artenkunde festzustellen ist.

In meinem Jahrgang stehe ich ziemlich allein. Meine Jahrgangskollegen hatten alle andere, wichtigere Aufgaben. Daß man sich um die Pflanzen kümmert, das schien unwesentlich zu sein. Artenkunde bedeutet auch eine lange Einarbeitungszeit, um einen bestimmten Kenntnisstand zu erreichen.

Für die "Floristische Kartierung in Hessen" verfügen wir heute über einen sehr qualifizierten ehrenamtlichen Mitarbeiterstab. Zusätzlich gibt es jetzt auch vier hauptamtliche Kartierer. Diese organisatorischen Fragen sollen hier jetzt nicht weiter ausgeführt werden.

Ich möchte aus der täglichen Praxis der Kartierungsarbeit sagen, daß die Floristische Kartierung heute alles andere als eine reine Freude ist. Von außen betrachtet, kann es so aussehen, daß der Kartierer eine beneidenswerte Arbeit hat. Er sieht da seine schönen Pflanzen und ist glücklich.

Oft ist es genau umgekehrt. Sich heute in der Landschaft zu bewegen, bedeutet für den Fachmann Seelenqualen. Dieses Symposium hat die Überschrift "Biotopvernetzung in der Kulturlandschaft". Ich sehe keine Kulturlandschaft mehr. Zu einer Kulturlandschaft im geographischen oder biologischen Sinne gehört eine flächige Verklammerung von intakten Lebensgemeinschaften. Die Primärproduzenten der Lebensgemeinschaften sind nun mal die Pflanzen. An den Pflanzen sehen wir, ob eine intakte Biozönose da ist oder nicht. Heute finden wir fast nur noch Fragmente. Wir haben es schwer, die Artenausstattung einer Fläche nachzuweisen bzw. zu erarbeiten. Die vielen Fragmente von Lebensgemeinschaften müssen zuerst gefunden werden. Ich möchte das an einem Beispiel erläutern. Als ich 1982 einen Werkvertrag mit dem Land Hessen zur Floristischen Kartierung geschlossen habe, bin ich davon ausgegangen, für ein Kartierungsfeld 1 1/2 Tage zu benötigen, um die botanische Artenausstattung ausreichend zu erfassen. Heute hat sich die Situation stark verändert. Weil intakte Lebensgemeinschaften nicht mehr vorhanden sind, ist es viel zeitaufwendiger geworden, die botanische Artenausstattung zu dokumentieren. Ich brauche jetzt mindestens 3 Tage.

Ich möchte an ein paar ausgewählten Beispielen den Stand der Arbeit der "Floristischen Kartierung Hessens" erläutern. Ziel der Arbeit ist es, einen hessischen Verbreitungsatlas der höheren Farn- und Blütenpflanzen zu erstellen. In der augenblicklichen Personal-Situation können wir dabei nur daran denken, einen solchen Atlas auf "Quadranten-Raster" (= 1/4 Meßtischblatt) zu erstellen. Es wird aber darauf hingewiesen, daß die Geländeerhebungen auf dem "Viertelquadranten-Raster" (= 1/16 Meßtischblatt) durchgeführt werden.

Abbildung 1 zeigt die Verbreitung von Carex hartmanii CAJ.
Die schwarz ausgefüllten Punkte sind aktuelle Nachweise (seit 1977).
Die übrigen Punkte sind Angaben aus der Zeit davor. Man sieht, daß wir
die Kenntnisse über die Verbreitung der Art ausweiten konnten. Die
leeren   Punkte   bedeuten, daß an diesen Orten die Art nicht nachgewiesen werden konnte.

Abb. 2 gibt die Verbreitung von Campanula baumgartenii J. BECKER wieder.
Diese Glockenblume hat im Taunus ein begrenztes Vorkommen. Das "L" auf
der Karte bedeutet, Literaturnachweise. Das Fragezeichen steht für die
nicht eindeutige räumliche Zuordnung. Die Angaben in der Literatur sind
ja nicht für das von uns verwendete Rastersystem gemacht worden.
Das Viereck auf der Verbreitungskarte gibt die Ergebnisse der Mitteleuropa-
Kartierung wieder. Hier handelt es sich wahrscheinlich um einen Einlese-
fehler, denn in diesem Gebiet konnte die Art nie nachgewiesen werden.
Für den Meißner haben wir eine Literaturangabe, die fragwürdig ist. Wahrscheinlich handelt es sich um einen Bestimmungsirrtum.
Es gibt aktuell nur noch eine einzige Stelle, wo wir die Pflanze heute
noch kennen. Der Fundort - eine Straßenböschung - ist mit "normalen Naturschutzmaßnahmen" nicht zu schützen.

In die Verbreitungskarte von Campanula cervicaria L. (Abb. 3) sind vorhandene Literaturangaben eingearbeitet. Die Art hat im Vergleich zu Campanula baumgartenii J. BECKER eine weitere Verbreitung.
L. steht wieder für Literaturnachweise. Die Vierecke bedeuten Nachweise
bei der Mitteleuropa-Kartierung.
Die Punktsignatur sind Nachweise der Art seit 1977. Man erkennt den deut-
lichen Rückgang bei dieser Sippe. Es gibt nur noch ganz wenige aktuelle
Vorkommen. Viele ehemalige Fundorte sind erloschen.

Abb. 4 gibt Auskunft über das Vorkommen von Luzula forsteri (SM.) DC.
Zu den Nachweisen vor 1977 (mit einem Kreis dargestellt) sind verschiedene
Fundorte neu dazu gekommen. Das verdeutlicht, daß die Kenntnisse der Ver-
breitung der Art erweitert werden konnte.

Die nächste Rasterkarte (Abb. 5) zeigt das Vorkommen des Ackerunkrautes
Arnoseris minima (L.) SCHWEIGG.et KORTE. Dargestellt sind die aktuellen
Fundorte. Der Lämmersalat ist eine Art der mageren Äcker.
Besonders auf Buntsandstein und Tonschiefer hatte die Pflanzenart eine
sehr weite Verbreitung. Heute sind - wie die Karte zeigt - nur noch wenige
Vorkommen übrig geblieben.
In die Abbildung wurden keine Literaturangaben eingearbeitet. In den
älteren Veröffentlichungen sind (wegen der damals weiteren Verbreitung)
keine präzisen Fundorte genannt.Es werden lediglich Angaben wie "auf
sandigen Äckern" usw. gemacht.

Abb. 6 gibt die Verbreitung von Setaria verticilliformis DUMORT wieder.
Die Art wurde bislang von den Botanikern übersehen. Die Karte zeigt unseren
augenblicklichen Kenntnisstand.

Das Vorkommen von Puccinellia distans (L.) PARL. wird in Abb. 7 dargestellt. Der Gewöhnliche Salzschwaden ist an Salzstellen gebunden. Ursprünglich
kam die Art nur an wenigen salzhaltigen Bereichen in Hessen vor. Durch die
winterliche Salzstreuung an Autobahnen, Bundes- und Landesstraßen konnte

sich Puccinellia distans enorm ausbreiten.

Literatur

DILLENIUS, J.J. 1718: Catalogus plantarum sponte circa Gissam nascentium. Gießen.

EHRENDORFER, F. (Hrsg.) 1973: Liste der Gefäßpflanzen Mitteleuropas. 2. erw. Aufl. Stuttgart (G. Fischer-Verlag)

FINK, H.G. 1978: Vorschläge zur Erhebung für den Artenschutz erforderlicher zusätzlicher Geländedaten im Rahmen der Kartierung der Flora der Bundesrepublik Deutschland. Gött. Flor. Rundbr. 12 (H.4), S. 128-136, Göttingen.

GÖTTINGER FLORISTISCHE RUNDBRIEFE ab 1967. Hrsg.: Zentralstelle für die Floristische Kartierung Westdeutschlands. Untere Karspüle 2, 3400 Göttingen.

GOTTWALD, N., 1971: Register der Hessischen Floristischen Briefe 1952 - 1968. Institut f. Naturschutz Darmstadt, Schriftenreihe, Beiheft 22, Darmstadt (Havelstr. 7).

HAEUPLER, H., 1970: Vorschläge zur Abgrenzung der Höhenstufen der Vegetation im Rahmen der Mitteleuropakartierung. I und II. Gött. Flor. Rundbr. 4 , S. 1, 3-15, 54-62, Göttingen.

HAEUPLER, H., et al., 1976: Grundlagen und Arbeitsmethoden für die Kartierung der Flora Mitteleuropas. 2. erw. Auf., Göttingen.

HESSISCHE FLORISTISCHE BRIEFE. 1952 - 1959 Offenbach, ab 1960 Darmstadt (Inst. f. Naturschutz, Havelstr. 7).

HOFFMANN, H., 1879 - 1889: Nachträge zur Flora des Mittelrheingebietes. Ber. Oberhess.Ges.Natur- u. Heilkde. 18-26, Gießen.

HOFFMANN, H., 1889: Schriften-Verzeichnis zur Flora des Mittelrhein-Gebietes, Ber. Oberhess.Ges.Natur- u. Heilkde., 26, S. 23-32, Gießen.

KALHEBER, H. et al. 1979: Rote Liste Farn- und Blütenpflanzen Hessen. Hrsg. Hess. Landesanstalt für Umwelt, (Aarstr. 1), Wiesbaden.

KLAUSING, O., 1974: Die Naturräume Hessens. (Hess. Landesanstalt f. Umwelt, Aarstr. 1), Wiesbaden.

KRACH, J.E., 1977: Artenzahl und Tageskartierung. Gött.Flor.Rundbr. 11 (H. 1), S. 9-14, Göttingen.

LUDWIG, W., 1959: Schriftenverzeichnis zur hessischen Pflanzenwelt 1941 - 1957. Schriftenreihe Naturschutzstelle Darmstadt, Bd.4 H. 4, S. 229-296, Darmstadt.

LUDWIG, W., 1975: Schriftenverzeichnis zur hessischen Pflanzenwelt 1958-1969. Schriftenreihe Institut f. Naturschutz Darmstadt, Bd. 11, H. 1, S. 1-71. Darmstadt.

MANSFELD, R., 1940: Verzeichnis der Farn- und Blütenpflanzen des Deutschen Reiches. Jena.

MATTFELD, J., 1931: Anweisung zur Ausführung der Pflanzengeographischen Kartierung Deutschlands. 3.Aufl., Berlin-Dahlem.

NATHO, G. u. Inge NATHO, 1950: Herbartechnik. 2.Aufl., Wittenberg-Lutherstadt, (A.Ziemser-Verlag).

SCHNEDLER, W., 1978 a: Vorschlag zur Fundortsbezeichnung während bzw. nach der Gebietsreform. Hess. Flor. Br. 27 (H. 2), S. 23-27, Darmstadt.

SCHNEDLER, W., 1978 b: Floristische Untersuchungen zwischen Taunus und Vogelsberg im Jahr 1977. Beitr. Naturkde. Osthessen, 14 (Supplement) S. 1-150, Fulda.

SCHNEDLER, W., 1982: Leitfaden Floristische Kartierung in Hessen. Gießen.

SCHÖNFELDER, P., 1973: Die "Frühlingsflora" - eine Anregung zur floristischen Geländearbeit. Gött.Flor.Rundbr. 7 (H. 2), S. 27-28, Göttingen.

SEYBOLD, S., 1973: Der Salzschwaden (Puccinellia distans (JAQ.) PARL.) an Bundesstraßen und Autobahnen. Gött.Flor.Rundbr. 7 (H. 4), S. 70-73, Göttingen.

SPILGER, L., 1927: Schriftenverzeichnis zur heimischen Pflanzenwelt. Ber.Oberhess.Ges.Natur- u. Heilkde. N.F., naturwiss.Abt. 11, S. 4-56, Gießen.

SPILGER, L., 1936: Schriften über die hessische Pflanzenwelt. Ber.Oberhess.Ges.Natur- u. Heilkde., N.F., naturwiss.Abt. 17, 79-108, Gießen.

SPILGER, L., 1943: Weitere Schriften über die hessische Pflanzenwelt. Ber.Oberhess.Ges.Natur- u. Heilkde.N.F., naturwiss.Abt. 20-22, S. 161-203, Gießen.

THAL, J., 1577: Sylva Hercynia, sive Catalogus Plantarum sponte nascentium in Montibus, et logis vicinis Hercyniae, quae respicit Saxonium. Frankfurt.

WEBER, H.E., 1975: Vorschlag für eine einheitliche Basis von Rasterkartierungen. Gött.Flor.Rundbr. 9, (H. 3), S. 85-86, Göttingen.

WEBER, H.E., 1977: Zur Bedeutung historischer Karten für die Kartierung der Flora in Mitteleuropa. Gött.Flor.Rundbr. 11 (H. 1), S. 1-8, Göttingen.

WIGAND, A., 1891: Flora von Hessen und Nassau. 2. Teil, Hrsg.: F. Meigen, Marburg.

Diplom-Geograph Wieland Schnedler
Schiffenberger Weg 421
Außenstelle Obere Naturschutzbehörde
6300 Gießen

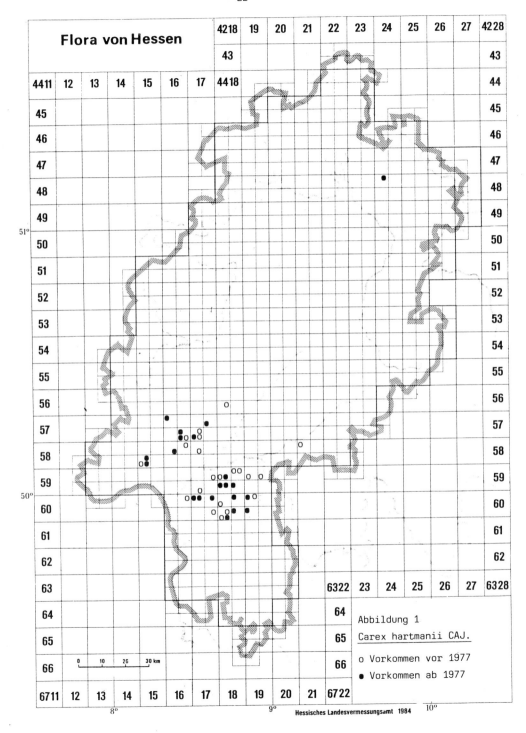

Flora von Hessen

Abbildung 1

<u>Carex hartmanii</u> CAJ.

o Vorkommen vor 1977

• Vorkommen ab 1977

Hessisches Landesvermessungsamt 1984

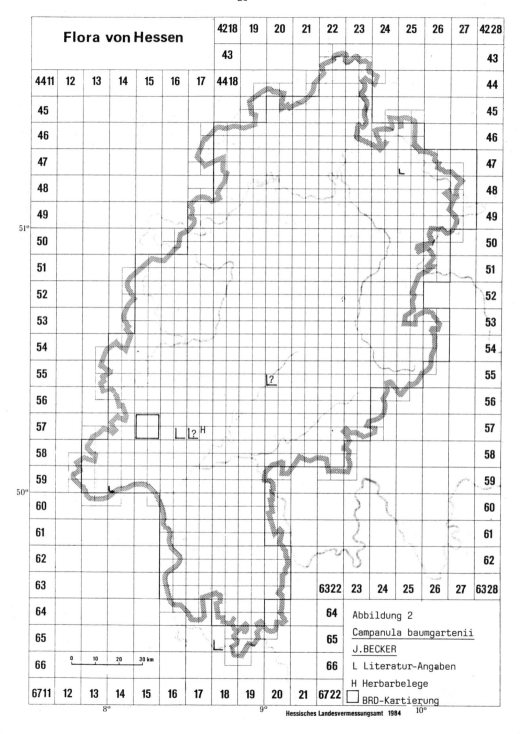

- 23 -

Flora von Hessen

Abbildung 2
Campanula baumgartenii
J.BECKER
L Literatur-Angaben
H Herbarbelege
☐ BRD-Kartierung

Hessisches Landesvermessungsamt 1984

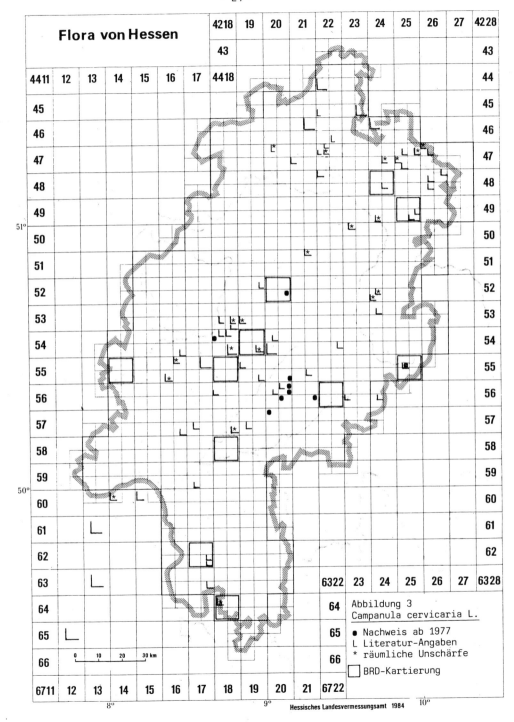

Flora von Hessen

Abbildung 3
Campanula cervicaria L.

● Nachweis ab 1977
L Literatur-Angaben
* räumliche Unschärfe
☐ BRD-Kartierung

Hessisches Landesvermessungsamt 1984

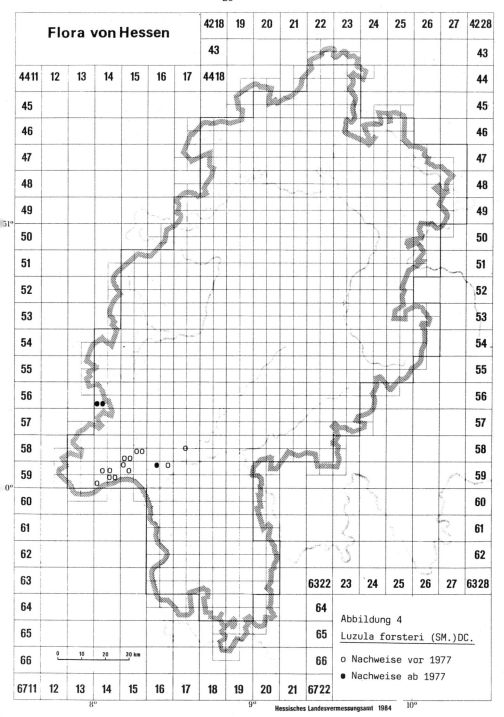

Flora von Hessen

Abbildung 4
Luzula forsteri (SM.)DC.

o Nachweise vor 1977
● Nachweise ab 1977

Hessisches Landesvermessungsamt 1984

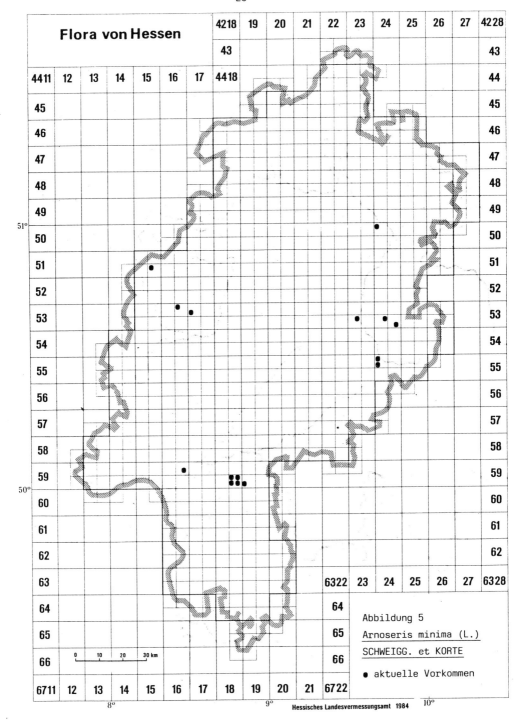

Flora von Hessen

Abbildung 5

Arnoseris minima (L.)

SCHWEIGG. et KORTE

● aktuelle Vorkommen

Hessisches Landesvermessungsamt 1984

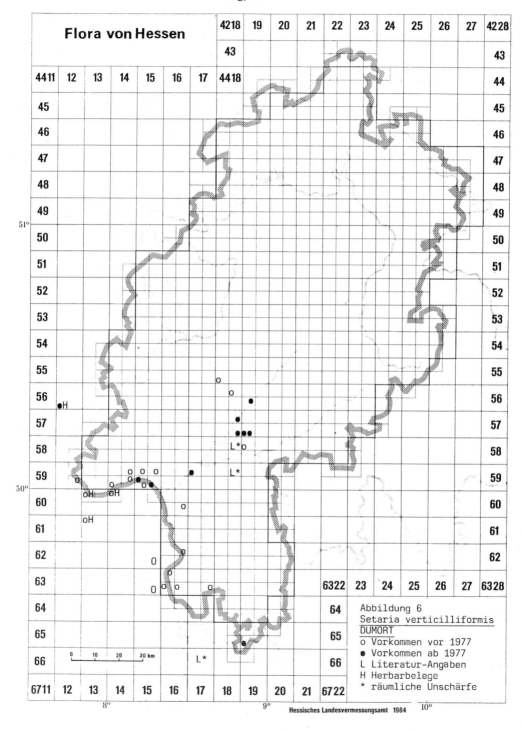

Flora von Hessen

Abbildung 6
Setaria verticilliformis
DUMORT
o Vorkommen vor 1977
● Vorkommen ab 1977
L Literatur-Angaben
H Herbarbelege
* räumliche Unschärfe

Hessisches Landesvermessungsamt 1984

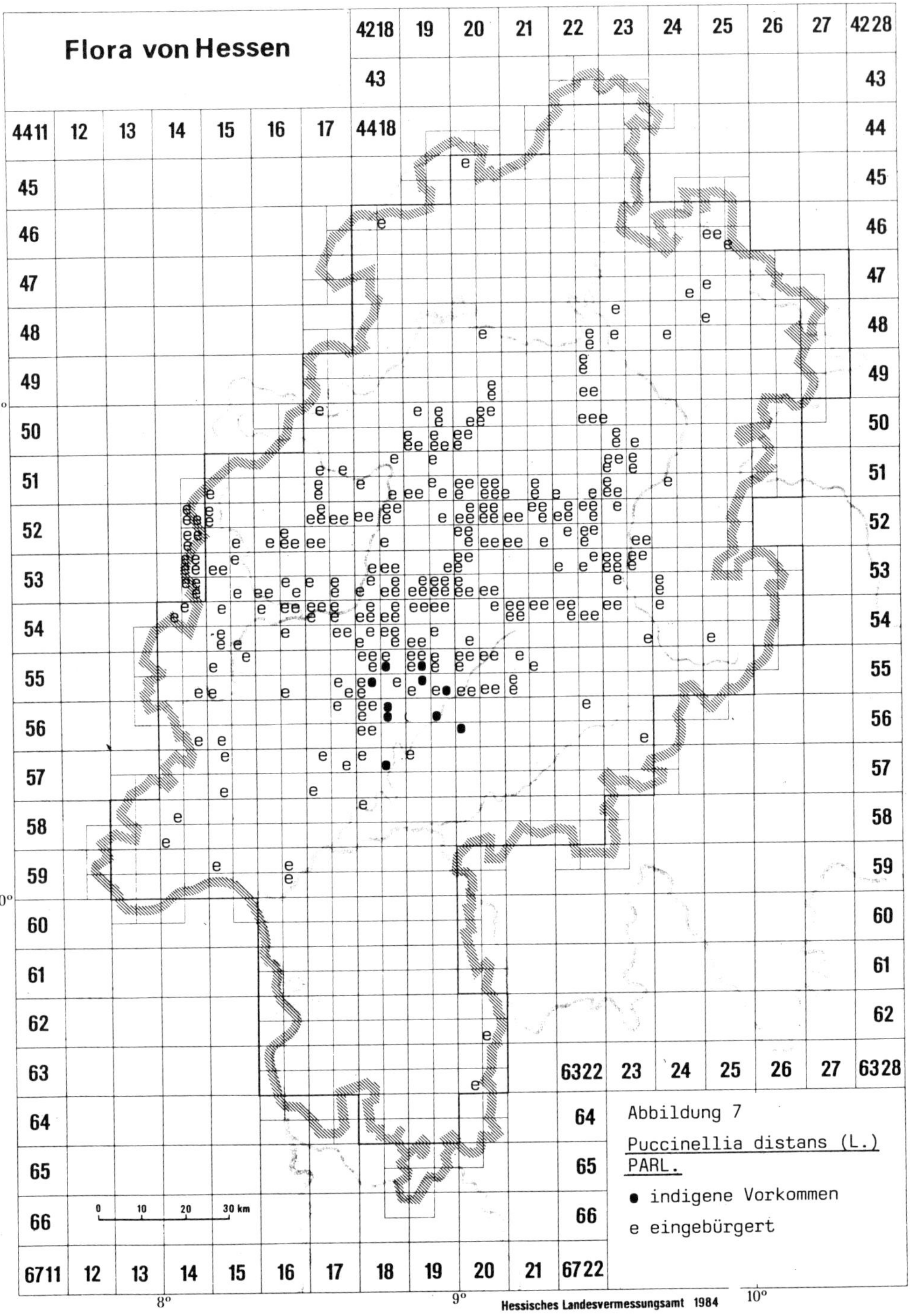
Flora von Hessen
0 10 20 30 km
51°
50°
8°
9°
10°
Hessisches Landesvermessungsamt 1984

Abbildung 7

Puccinellia distans (L.) PARL.

● indigene Vorkommen

e eingebürgert

FAUNISTISCHE KARTIERUNG IN HESSEN

Wolfgang Heimer

Zusammenfassung

In Deutschland sind ca. 40.000 Tierarten nachgewiesen. Für viele dieser
Arten sind die heutigen Kenntnisse über Biologie, Ökologie und Verbreitung mangelhaft.

Der Mensch hat die Umweltqualität in nahezu allen Bereichen beeinflußt
und Tierarten in großem Umfang verdrängt. Faunistische Kartierungen
müssen das Ausmaß dieser Verdrängungsprozeße aufklären und die notwendigen Unterlagen für Arten- und Biotopschutzprogramme liefern.

Bei den Kartierungen sind die Verbreitung, Bestandsgrößen und -änderungen
sowie die Lebensansprüche nach einheitlich bzw. abgestimmten Methoden zu
ermitteln und darzustellen.

Als Konsequenz aus den Kartierungsergebnissen müssen die Roten Listen
aktualisiert bzw. ergänzt werden. Außerdem sind die Artenschutzprogramme und Biotopschutzkonzepte entsprechend zu überarbeiten.

Der Kartierungsstand einzelner Tierklassen weist in Hessen erhebliche
Unterschiede auf. In den nächsten Jahren müssen noch große Kenntnislücken
geschlossen werden. Aus Gründen der Realisierbarkeit und einer unterschiedlichen Bedeutung für die praktische Naturschutzarbeit müssen bestimmte Prioritäten gesetzt werden.

1. Einleitung

   In Deutschland sind ca. 40.000 Tierarten (ohne Protozoen und ohne
   rein marine Arten) nachgewiesen. Allerdings sind unsere Kenntnisse
   über deren Biologie, Ökologie und Verbreitung noch sehr unzureichend.
   Dies trifft auch für erhebliche Teile der Wirbeltierfauna zu, die
   nur etwa 1 % des gesamten Artenbestandes ausmacht. Darüber hinaus
   stammen zahlreiche Nachweise aus den letzten oder den ersten Jahrzehnten dieses Jahrhunderts, insbesondere gilt dies für viele Insekten
   und andere Wirbellosen. Nur aufgrund dieses mangelhaften Kenntnisstandes konnte es geschehen, daß zahlreiche Arten regional oder gar
   gänzlich ausgestorben bzw. verschollen sind, ohne daß wir etwas über
   ihre Verbreitung, die Lebensansprüche oder ihre ökologische Funktion
   wissen.

2. Gründe für faunistische Kartierungen

   Zahlreiche Gründe belegen die Notwendigkeit faunistischer Kartierungen.
   Nur über die Artenvielfalt funktioniert die Erhaltung ökologischer
   Systeme und die Natur als balanziertes System (vgl. HEYDEMANN, 1980).

Auch der Mensch benötigt die Artenvielfalt für viele direkte
Nutzungen in der Landschaft. Durch zahlreiche Eingriffe hat der
Mensch die Umweltqualität in nahezu allen Bereichen nachhaltig
beeinflußt. Dies konnte natürlich nicht ohne Auswirkungen auf
die Tierartenzusammensetzungen bleiben. Der Verdrängungsprozeß
des Menschen führt täglich zu einem Artenschwund von ca. 5 Arten,
wenn man die gesamte Erdkugel betrachtet.

Um die Geschwindigkeit, den Umfang und die Folgen des Arten-
schwundes einschätzen zu können, ist eine deutliche Verbesserung
unseres Kenntnisstandes erforderlich.

Erst darauf aufbauend lassen sich dann wirkungsvolle Schutzkon-
zepte erarbeiten und realisieren. Zwar liegen aus den letzten
Jahren einige Artenschutzprogramme und Biotopschutzkonzeptionen
vor, bei deren konsequenter Verwirklichung sicherlich einige
Defizite abgebaut werden können, dennoch sind auch diese Programme und Konzepte verbesserungs- bzw. ergänzungsbedürftig.

So müssen z.B. die Artenschutzprogramme einzelner Länder besser
koordiniert werden. Für besonders gefährdete Arten sind die Schutz-
und Hilfsmaßnahmen auf den gesamten Jahreslebensraum (auch Zug- und
Wintergebiete) auszudehnen. Die Förderung einzelner Arten - eine
Aufgabe des Artenschutzes - ist methodisch aufeinander abzustimmen
und darf nicht auf Kosten ebenfalls seltener Arten geschehen (z.B.
Uhu/Wanderfalke, Birkhuhn/Habicht). Ähnliches gilt für Wiederein-
bürgerungsprojekte, hier sind allerdings weitere Aspekte zu beachten (vgl. NATUR U. LANDSCHAFT 56, 4, 1981).

Bei Biotopschutzkonzeptionen sind zoologische Gesichtspunkte in
stärkerem Maße zu berücksichtigen, dies gilt insbesondere für
die derzeit in Hessen zugrunde liegenden Biotopkartierungen. Die
Minimalareale einzelner Ökosystem-Typen sind ebenso zu beachten
wie die Aktionsbereiche einzelner Arten. Auch die Biotopvernetzung
muß diesen zusätzlichen Ansprüchen der Fauna gerecht werden. So ist
z.B. auch zu berücksichtigen, daß für einzelne Arten auch weniger
gefährdete Ökosystem-Typen eine unbedingt notwendige Existenzgrund-
lage sind (z.B. ausgedehnte, offene Ackerfluren für die wenigen
Brutpaare der Wiesenweihe in Hessen, die hier ausschließlich in
Ackerfluren brütet. Anderenorts erwünschte, umfangreiche Hecken- und
Streuobstpflanzungen würden in diesen entsprechenden Lebensräumen
zur Verdrängung dieser hochgradig gefährdeten Art führen).

3. Inhalt und Gegenstand zoologischer Kartierungen

    a) Verbreitung und Vorkommen

       In einem ersten Schritt sind Verbreitung und Vorkommen zu er-
       mitteln. Verbreitung und Vorkommen vieler Tierarten sind auch
       heute noch weitgehend unbekannt, dies gilt bevorzugt für Wirbel-
       lose, aber auch für einige Reptilien, Kleinsäuger und Fische.
       Außerdem können sie ständigen Fluktuationen unterliegen. Es ist
       daher unabdingbar, die vorhandenen Lücken zu schließen und die

Kartierungen in angemessenen Zeitabständen zu wiederholen.
Nur wenn man Daten aus der Vergangenheit mit den heutigen ver-
gleicht, kann man den Bestandsrückgang abschätzen. Die Kar-
tierungseinheiten und die Wiederholungs-Zeitabstände sind den
Besonderheiten einzelner Tiergruppen anzupassen. Die Er-
fassungen und die Verbreitungskarten müssen nach einheitlichen
Methoden erfolgen bzw. angelegt werden, damit die Ergebnisse
verschiedener Regionen nahtlos aneinandergefügt werden können.
Parallel zu aktuellen Kartierungen sind alte Daten zu Verbreitung aus der Literatur auszuwerten und zu sammeln. Dies
gilt insbesondere für gefährdete und seltene Arten bzw. solche
Spezies mit lokaler Verbreitung.

b) Bestandsgrößen und -änderungen

Auch Bestandsgrößen und -änderungen müssen Gegenstand faunistischer Kartierung sein. Die meisten Tierbestände sind
ständigen Veränderungen unterworfen. Diese können sowohl
natürlichen als auch anthropogen bedingten Ursprungs sein.
Da die Verschiebungen in vielen Fällen nicht im gesamten
Verbreitungsgebiet gleichgerichtet und gleichzeitig verlaufen,
ist eine möglichst großräumige und langfristige Erfassung notwendig. Dies ist auch erforderlich, um eine Einstufung nach
Gefährdungsgraden in den Roten Listen vornehmen zu können
und rechtzeitig geeignete Schutzmaßnahmen einzuleiten. Nur in
Ausnahmefällen können nach der Ersterfassung der Bestandsgrößen
stichprobenartige Kartierungen bzw. die Kontrolle der wichtigsten
Bestände ausreichen.

c) Lebensansprüche

Schließlich sind auch die Lebensansprüche im Rahmen der Unter-
suchungen zu ermitteln. Voraussetzung für einen erfolgreichen
Arten- und Biotopschutz sind Kenntnisse über die notwendigen
Lebens- und Vermehrungsbedingungen der einzelnen Tierarten.

Diese können in der Regel an einzelnen Populationen innerhalb
des Verbreitungsgebietes gewonnen werden. Da regional jedoch
erhebliche Abweichungen auftreten können, müssen die zu unter-
suchenden Populationen über das gesamte Verbreitungsgebiet verteilt sein. Einzubeziehen sind auch Populationen am Rande des
geschlossenen Verbreitungsgebietes, da hier in besonders hohem
Maße Abweichungen von den "normalen" Lebens- und Vermehrungsbedingungen auftreten und sich dort Bestandsveränderungen am
ehesten bemerkbar machen. Bedingt durch diese enge Verknüpfung
von Verbreitungsmuster und den Lebensansprüchen ist eine Koordi-
nation zwischen reinen faunistischen Kartierungen und einer Ermittlung der Lebens- und Vermehrungsbedingungen erforderlich.

4. Konsequenzen aus den faunistischen Kartierungen

a) Erarbeitung von Roten Listen

Aufbauend auf den Kartierungsergebnissen sind die vorhandenen
Roten Listen zu aktualisieren bzw. zu ergänzen.
Unter anderem sollten dabei auch die unterschiedlichen Größen
sowie die Gefährdung einzelner Teilpopulationen herausgearbeitet
werden.

b) Erarbeitung und Umsetzungen von Artenschutzprogrammen

Die Entnahme von Tieren aus der freien Landschaft muß unter
Berücksichtigung der Kartierungsergebnisse geregelt werden. Dabei ist darauf zu achten, daß ein ausreichendes Potential zur Besiedlung neuer Lebensräume erhalten bleibt. Ebenso bilden die
Kartierungsbefunde die Voraussetzung für alle Maßnahmen zur Stabili-
sierung, Förderung und Wiederansiedlung von Tierarten. Dies gilt
für das Ausbringen von Nisthilfen ebenso wie für Krötendurchlässe
und Wiedereinbürgerungsprogramme.

c) Erarbeitung und Umsetzung von Biotopschutzkonzeptionen

Die Kartierungsergebnisse stellen Grundlagen für die Sicherung
des natürlichen Verbreitungsgebietes jeder Art und der Möglichkeit ihrer weiteren Ausbreitung (Arealexpansion) auf natürlichem
Wege dar. Ebenso sind die Voraussetzung für die Erhaltung der
entsprechenden Lebensstätten hinsichtlich der Flächenqualität, der
Flächengröße, der Anzahl der Einzelflächen und deren Verteilung
im Gesamtraum. Dabei ist besonders darauf zu achten, daß die
Minimalraum - Ansprüche der verschiedenen Ökosystem-Typen der Arten
berücksichtigt werden. Die Minimalareale müssen sich an den Art-
Minimalarealen der "Spitzen-Arten" mit zumeist großen Flächenan-
sprüchen orientieren. Spitzenarten sind in erster Linie räuberische Arten, die an der Spitze der Nahrungspyramide stehen. Sie
sind dabei nicht auf die Ansprüche einzelner Individuen abzustellen,
sondern müssen sich an den Ansprüchen der jeweils vorhandenen
Populationen ausrichten.

5. Stand faunistischer Kartierungen in Hessen

Bei der Fülle der Tierarten und der unterschiedlichen Kartierungsergebnisse kann es sich dabei nur um den Versuch einer Zusammenfassung
handeln. Sicherlich wird die Zusammenfassung noch erhebliche Lücken
aufweisen.
Die angeführten Beispiele, die jeweils zu den einzelnen Tiergruppen
ausgeführt werden, sollen durch ihren Flächenbezug bzw. die Thematik,
die im Titel bereits zum Tragen kommt, den Wissensstand verdeutlichen
helfen.

Unser Kenntnisstand über die Verbreitung einzelner Tierarten, deren
Bestandsgrößen und Lebensansprüche ist sehr unterschiedlich. Einen
Eindruck von den Bearbeitungsverhältnissen erhält man bei dem Vergleich
der naturkundlichen Publikationen von 1977 bis 1979 (Hess. Bibliographie, Bände 1 - 3). 110 botanischen stehen nur 156 zoologische

Veröffentlichungen - trotz der wesentlich größeren Tierartenzahl - gegenüber. Von den zoologischen Arbeiten entfallen ca. 51 % auf die Ornithologie, 11 % auf die übrigen Wirbeltiere, ca. 34 % auf die Wirbellosen und die restlichen 4 % sind Mischpublikationen oder aus anderen Gründen nicht zuordenbar. Nachteilig ist außerdem, daß noch keine einheitliche Form für die Darstellung der Verbreitung gefunden wurde.

Kartierungsstand in einzelnen Tiergruppen:

a) Säugetiere

Die Verbreitung der meisten Arten ist in groben Zügen bekannt, dennoch sind auch hier noch Lücken vorhanden. So gibt es beispielsweise immer noch keine aktuellen Verbreitungsübersichten für einen Großteil der Fledermausarten, die Bilche, den Hamster und eine Reihe weiterer Kleinsäuger. Selbst für einige hochgradig bedrohte Arten fehlen noch Informationen (Iltis, Fischotter, Wildkatze) bzw. sind erst Erfassungsvorhaben angelaufen).

Die Bestandsgrößen bei Säugetieren sind nahezu unbekannt, dies gilt z.T. auch für die jagdbaren Wildarten.
Die Lebensansprüche vieler Säugetierarten sind hinreichend bekannt dennoch müssen auch hier noch einige Lücken geschlossen werden, (insbesondere bei den Kleinsäugern).

Beispiele für Säugetierkartierungen:

GÖRLACH, A. (1980): Vorkommen des Feldhamsters im Landkreis Gießen/Hessen.

FEUSTEL, H. (1984): Zur Verbreitung der Schläfer (Gliridae) im Odenwald.

Aus den angeführten Beispielen erkennt man bereits, daß eine flächendeckende Kartierung für die meisten Säugetierarten, insbesondere für Kleinsäuger, in Hessen derzeit noch fehlt. Lokalpublikationen gibt es dagegen aus den verschiedensten Bereichen, mit einem unterschiedlichen Stand der Darstellung und einem unterschiedlichen Stand des Wissens.

b) Vögel

Für die meisten Vogelarten sind aktuelle Verbreitungskarten bereits erstellt bzw. in Vorbereitung (Prodromus, bzw. in Verbreitung befindliche Avifauna). Dennoch sind auch hier immer wieder Ergänzungen bzw. Aktualisierungen notwendig, wie z.B. die Arealausweitungen von Birkenzeisig und Beutelmeise in den letzten Jahren gezeigt haben. Auch die Bestandsgrößen einiger Arten sind zumindest näherungsweise bekannt. Dies gilt insbesondere für seltene bzw. gefährdete Arten. Ständige Kontrollen sind jedoch unbedingt erforderlich, um Bestandsveränderungen rechtzeitig registrieren zu können (z.B. wurde der hess. Bestand der Zwergdommel in der Roten Liste von 1975 noch mit unter 100 Brutpaaren angegeben, heute muß sie als nahezu ausgestorben bezeichnet werden).

Hinreichend bekannt sind die Lebensansprüche vieler Vogelarten.

Beispiele für Vogelkartierungen:

BEHRENS, H. et al (1985): Verzeichnis der Vögel Hessens.

KEIL, W. und R. ROSSBACH (1969): Bestandsveränderungen des
Weißstorchs - Ciconia ciconia -
in Hessen von 1948 - 1968.

Für die Vogelwelt zeigen die beiden Beispiele, daß es eine
Gesamtübersicht für Hessen gibt, und daß es für bestimmte Arten
auch langfristige Bestandsentwicklungen gibt.

c) Reptilien

Eine hessenweite Verbreitungskartierung gibt es bisher nicht,
sie ist in Vorbereitung und muß baldmöglichst eingeleitet werden,
da es sich bei den Reptilien um eine besonders gefährdete Tiergruppe handelt.

Dem Land Hessen kommt dabei eine besondere Verantwortung für die
Erhaltung einzelner Arten zu. Ich möchte die Äskulapnatter er-
wähnen, die ihren Verbreitungsschwerpunkt in Deutschland in
unserem Bundesland besitzt.

Angaben über Bestandsgrößen fehlen ebenfalls weitgehend. Vor-
dringlich sind die Bestände der besonders gefährdeten bzw.
seltenen Arten näherungsweise zu ermitteln.
Über die Lebensansprüche liegen einige Informationen vor - sie
müssen jedoch ergänzt werden.

Beispiele für Reptilienkartierungen:

JOGER, U. (1985): Status und Schutzproblematik der Kreuzotter,
Vipera berus (L.), unter besonderer Berücksichtigung der Situation in Hessen.

MERTENS, R. (1947): Die Lurche und Kriechtiere des Rhein-Main-
Gebietes.

d) Amphibien

Die landesweite Kartierung ist weitgehend abgeschlossen, bedarf
aber sicherlich noch einiger Ergänzungen.
Zumindest für Teilbereiche liegen auch Hinweise über Bestandsgrößen einzelner Arten vor. Diese sind zu konkretisieren und zu
vervollständigen.
Auch die Lebensansprüche der meisten Arten sind in den Grund-
zügen bekannt.

Beispiele für Amphibienkartierungen:

Hessenweite Amphibienkartierung

HEIMER, W. (1981): Amphibienvorkommen im Ostteil des Landkreises
Darmstadt-Dieburg.

e) Fische

Eine Kartierung der Fischartenverbreitung ist durch die zahlreichen Aussetzaktionen erschwert. Verbreitungsangaben liegen fast
ausschließlich für fischereilich interessante Arten vor. Insbesondere bei den Kleinfischen gibt es dagegen erhebliche Lücken.
Bestandsgrößen lassen sich bisher lediglich über die Besatzmaßnahmen
bzw. die Fangergebnisse abschätzen. Für Kleinfische fehlen dagegen
sogar Schätzwerte.
Die Lebensansprüche können zumindest vorläufig als ausreichend bekannt angesehen werden.

Beispiele für Fischartenkartierungen:

LELEK, A. (1980): Vorschläge zur Erhaltung und der Pflege der
Fischfauna in den Naturschutzgebieten Lampert-
heimer Altrhein, Kühkopf und Schusterwörther
Altrhein.

PLASA, L. (1982): Einheimische Fische.

f) Insekten

Bisher gibt es nur für einige Insektenordnungen regionale Verbreitungsübersichten, für Gesamthessen fehlen vergleichbare Kartierungen weitgehend. Erstmals ist eine landesweite Kartierung der
Libellen 1986 angelaufen. In ähnlicher Weise müssen die Regionalkataster für andere Gruppen ergänzt werden und sind Kartierungspro-
gramme für weitere Insektenarten einzuleiten (z.B. Tagfalter, Groß-
käfer, Heuschrecken usw.).
Die Ermittlung von Bestandsgrößen wird sich bei dieser Tiergruppe
zwangsläufig auf seltene Arten, bzw. Verbreitungszentren oder Teilpopulationen beschränken müssen.
Bedingt durch die Bestimmungsschwierigkeiten und die unterschied-
liche Verbreitung im gesamten Bundesland, ist es kaum möglich, in
absehbarer Zukunft für Hessen Gesamtbestandsgrößen zu ermitteln.

Die Lebensansprüche vieler Insektenarten sind nur unzureichend
bekannt, so daß hier noch weitere Untersuchungen erfolgen müssen.

Beispiele für Insektenkartierungen:

INGRISCH, S. (1979): Die Orthopteren, Dermapteren und Blattopteren
(Insecta: Orthoptera, Dermaptera, Blattoptera)
von Hessen.

NITSCH, J. (1985): Untersuchungen zur Odonatenfauna im Kreis
Offenbach.

g) Sonstige Wirbellose

Nur für wenige Tierarten liegen erste Verbreitungsübersichten vor.
Zu nennen wären beispielsweise die Spinnen (Regionalkataster des
Landes Hessen, Teil 18). Für den weitaus größeren Teil fehlen sogar
kleinräumige Kartierungen.
Angaben zu Bestandsgrößen gibt es nur in Ausnahmefällen. Ebenso
sind die Lebensansprüche nur in seltenen Fällen bekannt.

Beispiele für Kartierungen sonstiger Wirbelloser

MÜLLER, H.G. (1984): Die Spinnen (Arachnida: Araneida) von Hessen I.

GROH, K. (1981): Die Schlammschnecke Stagnicola glabra (O.F. MÜLLER
1774) (Mollusca Lymnaeidae) in Hessen.

AUSBLICK

Eine Aufarbeitung aller Wissenslücken ist auch zukünftig kaum möglich.
Allein die fehlende Bestimmungsliteratur und die außerordentlich schwierige
Determination vieler Insektenarten und sonstiger Wirbelloser verhindern
dies.
Um die Wirksamkeit von Biotopschutzkonzepten und Artenschutzprogrammen zu
verbessern, sind in erster Linie Verbreitung und Bestand der sogenannten
"Spitzen - Arten" zu ermitteln (dazu gehören in Hessen auch Arten wie
Iltis, Mauswiesel, Feldermäuse u.ä.).
Parallel dazu sind zumindest Verbreitungskartierungen für alle Säugetiere,
Vögel, Reptilien, Amphibien, Fische und einige Wirbellose anzustreben.
In einer ersten Stufe werden landesweite Kartierungen folgender Wirbellosen
vorgeschlagen:

> Libellen
> Tagfalter
> Großkäfer
> Heuschrecken
> Flußkrebse
> Muscheln
> (Bienen)

Bei diesen Gruppen handelt es sich entweder um relativ leicht bestimmbare
Tiere, um besonders gefährdete Arten, oder im repräsentative Secies einzelner Lebensräume.

Weitere Untersuchungen und Kartierungen müssen folgen, um unsere Wissenslücken für ein umfassendes Biotop- und Artenschutzprogramm schließen zu
können.

Literatur (ohne im Text angeführte Kartierungsbeispiele):

HEYDEMANN, B. (1980):   Die Bedeutung von Tier- und Pflanzenarten
                                 in Ökosystemen, ihre Gefährdung und ihr Schutz.
                                 - Jb. Natursch. u. Landschaftspfl. 30: 15-87

NATUR UND LANDSCHAFT (1981):   Wiedereinbürgerung von Tieren.
                                 56. Jg. H. 4. 111-138.

STADT- UND UNIVERSITÄTSBIBLIOTHEK Frankfurt am Main (Hrsg.) (1979 ff.):

Hessische Bibliographie 1 (Berichtsjahr 1977), 227-230 (1979);
                        2 (Berichtsjahr 1978), 244-248 (1980);
                        3 (Berichtsjahr 1979), 298-307 (1981).

Dr. Wolfgang Heimer
Deutscher Bund für Vogelschutz,
Hessische Gesellschaft für Ornithologie und Naturschutz
Untere Naturschutzbehörde Darmstadt-Dieburg
Albanistr. 1
6110 Dieburg

HESSISCHE BIOTOPKARTIERUNGEN

Cornel Moog

Zusammenfassung

Derzeit sind ca. 30 % aller Pflanzen- und 50 % aller Tierarten in den
verschiedenen Graden gefährdet. Der Artenschutz ist nur über den
Biotopschutz möglich.

Ein Biotopschutz kann jedoch nur dann effizient sein, wenn Aussagen
über die Anzahl, Diversität und Güte der vorhandenen Biotope vor-
liegen.

In den Jahren 1978 bis 1985 wurden in Hessen folgende Biotopkartierungen durchgeführt:

1978 bis 1982 Biotopkartierung in der offenen Landschaft
1983 Biotopkartierung im Staatswald
1984 Biotopkartierung im Kommunalwald

Landeseinheitlich wurden die Biotope kartiert, d.h. beschrieben,
analysiert, bewertet und kartenmäßig festgehalten. Notwendige Pflege-
und Gestaltungsmaßnahmen sowie Empfehlungen zur rechtlichen Sicherung
waren ebenfalls erforderlich.

Als Ergebnis der drei Biotopkartierungen kann festgehalten werden:

Offene Landschaft: 110.000 ha
Staatswald   : 28.700 ha
Kommunalwald   : 12.700 ha

Ca. 151.000 ha, dies sind 7,5 % der Landesfläche, sind als biotop-
schutzwürdig einzustufen.

Die gewonnenen Daten liefern der Naturschutzverwaltung die Grundlage
für die Naturschutzplanung und dienen als Entscheidungshilfe für mögliche konkurrierende Nutzungen und sonstige Planungen.

Im besiedelten Bereich und im Privatwald stehen die Biotopkartierungen
noch aus.

Hessische Biotopkartierungen

Die Erfahrungen der Vergangenheit und die Situation der Gegenwart lehren
uns, daß der gesetzlich und ethisch vorgegebene Artenschutz nur über den
Biotopschutz möglich ist. Die Zerstörung der Biotope, d.h. die Zerstörung
der einzelnen Ökosysteme, oft gekoppelt mit einer irreversiblen Schädigung,
führt zum Artenschwund und letztendlich zum Aussterben der Tier- und
Pflanzenarten.

Einen eindeutigen Beweis dafür stellen die "Rote Listen" der Länder
und des Bundes dar. So muß man mit Erschrecken feststellen, daß cà.
1/3 aller Pflanzenarten und ca. 50 % aller Tierarten in den verschiedenen Graden derzeit gefährdet sind.

Die Umsetzung der gesetzlichen Forderung, nämlich der Schutz, die
Pflege und die Entwicklung von Natur und Landschaft, und als Teil
davon die nachhaltige Sicherung der Pflanzen- und Tierwelt, veran-
laßte die Oberste Naturschutzbehörde des Landes Hessen Ende der
70iger Jahre, eine Biotopkartierung durchzuführen.

Im folgenden Abschnitt möchte ich Aussagen dazu machen, welche Biotopkartierungen durchgeführt wurden, wie die Aufnahmen erfolgten, die
Daten gesichert und bereitgestellt wurden.

In den Jahren 1978 bis 1985 wurden Biotopkartierungen in der freien
Landschaft, d.h. in der Feldflur und im öffentlichen Wald, d.h. im
Staats- und Kommunalwald durchgeführt.

Durch diese drei Biotopkartierungen konnten die schutzwürdigen Biotope auf ca. 75 bis 80 % der Landesfläche ermittelt werden.

1. Biotopkartierung in der offenen Landschaft

   In den Jahren 1978 bis 1982 wurden landesweit die schutzwürdigen
   Biotope in der freien Feldflur durch die technische Hochschule
   Weihenstephan, Lehrstuhl für Landschaftsökologie kartiert. Schon
   bekannte Biotope konnten gleichzeitig überprüft werden.

   Mit Hilfe eines landeseinheitlichen Erhebungsformblattes wurden die
   Biotope erhoben.

   Folgende Angaben waren durch den Kartierer zu erbringen:

   - Lokalisierung, d.h. Landkreis, Ort, Lage, Naturraum
   - Aussagen zum Standort, zur Geologie
   - Auflistung der vorkommenden Arten hinsichtlich ihrer
     Dominanz, Gefährdung und Seltenheit
   - Beschreibung und Bewertung des Biotops
   - Angaben zu möglichen Gefährdungen, sei es nun auf der
     Fläche oder durch die Nutzung der angrenzenden Parzellen
   - Aussagen zu Pflege- und Gestaltungsmaßnahmen, die notwendig
     sind, um das Biotop zu erhalten bzw. zu verbessern
   - sowie Empfehlungen, durch welchen rechtlichen Status das
     Biotop zu sichern ist.

   Die Merkmale wurden verschlüsselt und die Biotope den Gauss - Krüger -
   Koordinaten zugeordnet.

   Auf Karten im Maßstab 1: 50.000 erfolgte die Einzeichnung der Biotope
   unter Berücksichtigung der naturräumlichen Grenzen. Die schutzwürdigen

Biotope sind somit text- und kartenmäßig erfaßt. Die Daten hat die Hess. Forsteinrichtungsanstalt in Gießen gespeichert.

Folgende Biotope bzw. Biotopgruppen wurden erfaßt:

- Hecken, Feldgehölze, Streuobstbestände, Raine
- Fließgewässer, Stillgewässer, Feuchtgebiete, Moore
- Wiesen, Weiden, Brachen, Sukzessionsflächen
- Hohlwege
- Sekundärbiotope, wie Abgrabungen und Aufschüttungen
- vereinzelt Wald

Als Ergebnis der Biotopkartierung der offenen Landschaft kann festgehalten werden:

Es wurden ca. 7.100 schutzwürdige Objekte mit 110.000 ha ermittelt. Dies entspricht ca. 5 % der Landesfläche.

2. Biotopkartierung im öffentlichen Wald

Im Jahre 1983 wurde im Staatswald und im Jahr 1984 im Kommunalwald des Landes Hessen eine Kartierung der naturnahen und schutzwürdigen Waldbiotope durchgeführt.

Mit der Unterstützung der örtlich zuständigen Forstämter erfaßten Forstassessoren die naturnahen Waldbestände und die z.T. kulturhistorischen Waldnutzungsformen bzw. Waldbewirtschaftungsarten.

Auch hier wurden die Biotope in einem landeseinheitlichen Erhebungsformblatt beschrieben, analysiert und bewertet. Es wurden Vorschläge zur zukünftigen Waldbehandlung bzw. zur Pflege und Gestaltung sowie zur Sicherung der Biotope erarbeitet.

Die Sicherung der Waldbiotope kann sowohl im Rahmen der Ausweisung als Schutzgebiete oder Schutzobjekte wie Naturschutzgebiete oder Naturdenkmale, nach dem Naturschutzrecht erfolgen, als auch nach dem Forstrecht in Form der Ausweisung als Schutzwald, Bannwald oder Erholungswald. Des weiteren ist eine Festschreibung als sogenanntes "Schutzwaldgebiet" über das Forsteinrichtungswerk möglich.

Folgende Waldbiotope kamen in Frage:

- naturnah aufgebaute Waldbestände auf den verschiedenen nährstoff- und wasserversorgten Standorten
- gut strukturierte Waldränder
- Waldfließgewässer
- Amphibienbiotope im Wald
- Altholzinseln
- Waldwiesen
- sowie das Vorkommen botanischer und faunistischer Besonderheiten

Die Waldbiotope wurden in den Forstübersichtskarten im Maßstab 1 : 25.000 je Forstamt festgehalten.

Erfolgte die Zuordnung der Daten bei der Kartierung der offenen
Landschaft anhand der Gauss - Krüger - Koordinaten, so wurden bei
der Waldbiotopkartierung die Waldeinteilungszahlen, d.h. Abt-
teilung und Unterabteilung verwendet.

Die Sicherung der erhobenen Daten ist landeseinheitlich text- und
kartenmäßig gewährleistet.

Zum Ergebnis der Waldbiotopkartierung kann gesagt werden:

Staatswald

Im Staatswald wurde eine Fläche von ca. 28.700 ha als biotopschutz-
würdig kartiert. Diese 28.700 ha entsprechen 8,4 % der Staatswald-
fläche des Landes Hessen.

Kommunalwald

Im Kommunalwald des Landes Hessen wurde eine Fläche von ca. 12.700 ha
kartiert. Dies entspricht 4,2 % der Kommunalwaldfläche.

Insgesamt werden somit zukünftig über 40.000 ha des öffentlichen
Waldes verstärkt den Zwecken des Naturschutzes dienen.

Abschließend ist festzuhalten, daß durch diese drei Biotopkartierungen
151.000 ha als schutzwürdig erfaßt wurden. Dies entspricht 7,5 % der
Landesfläche.

An Kartierungen stehen jedoch noch aus:

- der besiedelte Bereich
- der Bereich des Privatwaldes

Die Biotopkartierung der offenen Landschaft ist nun schon fast neun Jahre
alt. Eine Überprüfung in qualitativer und quantitativer Hinsicht wird notwendig. Die Erfahrungen in Hessen und auch in anderen Bundesländern zeigen,
daß je nach Naturraum und wirtschaftlichem Druck der Biotopverlust erheblich ist.

Die bei den Biotokartierungen erfaßten ökologischen Daten werden als Grundlage für Naturschutzplanungen in Form der Biotopsicherungs- und -entwick-
lungskonzeption sowie der Vernetzungskonzepte und als Entscheidungshilfe
für mögliche konkurrierende Nutzungen und Planungen verwendet.

Forstrat Cornel Moog
Außenstelle Obere Naturschutzbehörde
Am weißen Rain 41
6148 Heppenheim

HESSISCHE BIOTOPSCHUTZPROGRAMME

Hans-Joachim Steinmetz

Menschliche Einwirkungen auf die Natur und die Nutzung ihrer Faktoren
führten zur Umgestaltung und Veränderung vorgegebener Lebensräume.
Die Schaffung neuer Landschaftsformen steigerte zunächst in Verbindung
mit der Nutzungsweise durch den Menschen den Artenreichtum an Pflanzen
und Tieren durch Einfuhr bzw. Einwanderung.

Es kann davon ausgegangen werden, daß der Artenreichtum vor ca.
200 Jahren einen Höchststand erreichte. Von da an ist wiederum ein
zuerst langsamer, dann aber rapider Rückgang zu verzeichnen, der
durch die zunehmende Technisierung vorrangig ausgelöst wurde. Hinzu
kommen steigende Inanspruchnahme von Flächen für Wohn- und Gewerbe-
gebiete sowie Straßen, Veränderungen der Wasserläufe, Nutzung der
Naturgüter, insbesondere der sich nicht erneuernden und intensivere
Bewirtschaftungsmethoden der Land- und Forstwirtschaft. Die dadurch be-
wirkte neue Gliederung der Landschaften, die Veränderungen im chemischen,
physikalischen und biologischen Bereich des Bodens ergaben nicht nur
eine optische Verschiebung, sondern entzogen vielen Tier- und Pflanzenarten die Lebensgrundlage.

In den fünfziger Jahren zeichnete sich bereits ab, daß ein Umdenken
zwingend erforderlich würde. Auch wurde deutlich, daß der Glaube an
eine uneingeschränkte, grenzenlose Leistungsfähigkeit der Natur und
ihrer Güter nicht stimmt, sondern wir bereits zu dieser Zeit in verschiedenen Bereichen an die Grenzen gestoßen waren.

Hessen zog insoweit bereits damals Konsequenzen, als die damalige
Landeskulturverwaltung obligatorisch Untersuchungen der Landschaften
und ihrer Faktoren vornahm und alle Maßnahmen, vor allem die der
Flurbereinigung und Siedlung, von Plänen begleitet wurden, die man
heute als Grünordnungspläne bzw. landschaftspflegerische Begleitpläne
bezeichnen würde.

Ziel dieser Planungen war nicht nur die Bekämpfung der Bodenerosion,
die Verbesserung des Basenhaushaltes unserer Böden usf., sondern vorrangig eine der jeweiligen Landschaftsform angepaßte Gliederung der
Gemarkungen unter Beachtung der Naturfaktoren auch im Hinblick auf eine
dauerhafte Leistungsfähigkeit für die unterschiedlichen Ansprüche
sowohl des Menschen als auch der Pflanzen und Tiere.

Insoweit stand bereits seinerzeit der Begriff des Biotops, der in der
Öffentlichkeit noch mehr oder weniger unbekannt war, mit im Mittel-
punkt der Betrachtungsweise. Die Erhaltung und Sicherung charakte-
ristischer Lebensräume in Verbindung mit einer sinnvollen Nutzung
wird nach wie vor als eine der wichtigsten Aufgaben bei allen Vorhaben gesehen. Darüber hinaus ist aber durch die Bewußtseinsverände-
rung, durch breitere Information und eine positive öffentliche Mei-
nungsbildung die Bereitschaft gestiegen, diese Überlegungen aktiv in

die Praxis umzusetzen. Damit eröffneten sich zusätzliche Ansatzpunkte
für Programme und Förderrichtlinien.

Alleine aus der Sicht der Verwaltung für Landwirtschaft und Landentwicklung lassen sich eine Fülle von Aktivitäten anführen. Beispiel-
haft und zusammenfassend sei aufgeführt:

1. Planungsbereich

   - Agrarstrukturelle Vorplanungen mit obligatorischen landes-
     pflegerischen Untersuchungen und Aussagen;

   - Flurbereinigung mit obligatorischen Entwicklungsplanungen,
     die als landespflegerische Konzeption das ökologische Gut-
     achten beinhalten und im Wege- und Gewässerplan mit land-
     schaftspflegerischen Begleitplänen verankert werden;

   - Dorfentwicklung mit umfassendem grünordnerischen Bereich.

2. Ökologische Grundlagenerfassung

   - Wuchsklima- Gliederung von Hessen

   - Natürliche Standorteignung für landbauliche Nutzung

   - Das Klima von Hessen

   - Rohstoffkarte (teilweise vorhanden)

   - Hydrogeologische Karte mit Angaben über Grundwasserergiebig-
     keit und Verschmutzungsgefährdung des Grundwassers infolge
     Oberflächennutzung (teilweise vorhanden)

   - Gefällstufenkarte (teilweise vorhanden)

   - Erosionskarte (in Vorbereitung)

3. Programm zur Förderung und Erhaltung ökologisch wertvoller
   Pflanzengesellschaften in Wirtschaftsgrünland und Ackerbau
   des Landes Hessen (Grünlandextensivierung und Ackerrandstreifen)

   - Zuwendungen zur Förderung des Kleingartenwesens

   - Förderung von Grünlandbewirtschaftung und zur Sicherung von
     Arbeitsplätzen in klein- und mittelbäuerlichen Betrieben

   - Landesmilchrentenprogramm

   - Ländliche Regionalprogramme
     sowie Überlegungen zu weiteren Programmen wie

   - Förderung und Sicherung von Streuobstflächen

   - Grünbrache

   - Marktentlastungsprogramm

4. Grundlagen- und Detailuntersuchungen

- z.B. "Untersuchungen im Bereich der Auenverbunde"
  (Kinzigtal, Wetterau)

- Ökologische Untersuchungen in Verfolg des Beweissicherungs-
  verfahrens Vogelsberg und Hessisches Ried

- Einrichtung von Modellbetrieben in alternativen und integrierten Landbau

- Erfassung der Erkenntnisse über Grundwasserneubildungen
  in Abhängigkeit von Nutzungsformen

- Untersuchungen der Einwirkung befestigter Wege auf
  Kleintiere

Diese nicht vollständige Aufzählung aus den letzten Jahren wird ergänzt
durch die Investitionen innerhalb der verschiedenen Förderinstrumen-
tarien. Man kann davon ausgehen, daß in den letzten fünf Jahren alleine
von der Verwaltung für Landwirtschaft und Landentwicklung rd. 70 Mio DM
unmittelbar aufgewendet wurden, für landespflegerische Maßnahmen im
besiedelten und unbesiedelten Bereich.

Dabei liegen diesen Investitionen zwar Detailpläne zugrunde, sie alle
fügen sich aber in ein Gesamtkonzept ein, das darauf abzielt, die der-
zeitige und zukünftige Nutzung, Inanspruchnahme oder Pflege der verschiedenartigen Flächen unserer Landschaften so zu gewährleisten, daß
bei Berücksichtigung der gesellschaftspolitischen Leitlinien der Raumordnung die ökologischen Belange in ihrer Stabilität und Vielseitigkeit gewahrt, die sozialen und kulturellen Bereiche berücksichtigt
und eine tragbare ökonomische Basis gefunden werden.

Es ist daher eine der Hauptaufgaben der Zukunft, die gesamte Träger-
schaft so zu konzipieren, daß die Funktionsfähigkeit des ländlichen
Raumes gewahrt wird. Dies bedeutet, daß eine weitestgehend sich
selbst tragende Land- und Forstwirtschaft unter Beachtung ökologischer
Grundsätze den Lebensraum als besiedelte Kulturlandschaft sichert und
zugleich ihr Auskommen findet.

Zu diesen Aufgaben gehört auch die ökologische Ausgleichsfunktion,
deren Ziel u.a. die Vernetzung und Verflechtung von Lebensräumen (Biotopen) darstellt. Die Instrumente für diese Vernetzung können sehr viel-
gestaltig sein, da sowohl größere Flächen bereitzustellen sind, die Rand-
wirkungen auffangen, als auch zum Teil sehr schmale Verbindungsstreifen
sicherzustellen sind, wie Wegeseitenstreifen, Böschungen und der-
gleichen, die die Verbindungen herstellen. Die Anlage von Pflanzungen
in Reihen oder als Feldgehölze richtet sich nach der Charakteristik der
Landschaft und ihren ökologisch originären Schwerpunkten; eine Verfälschung
der typischen Landschaftsbilder durch Gleichschaltung muß unterbleiben,
da sie in ihrer Wertung dem Ausräumen der Landschaften gleichgesetzt
werden kann.

Wichtig ist, daß durch das frühzeitige Zusammenwirken aller berührten Bürger, Gemeinden, Verwaltungen und sonstigen Institutionen bereits bei den Planungsmaßnahmen das vorhandene Wissen ausgeschöpft und das gegenseitige Verständnis geweckt wird. Die Durchführung der Maßnahmen ist bei der heutigen Bereitschaft der öffentlichen Hand zur Förderung dann verhältnismäßig unproblematisch. Sie ermöglicht das sinnvolle Nebeneinander und Durchdringen ordnungsgemäßer, also naturkonformer Land- und Forstwirtschaft mit naturnahen und naturbelassenen Flächen, so daß die Agrarpolitik insgesamt als umfassendes Biotopschutzprogramm aufzufassen ist.

Prof. Dr. Hans Joachim Steinmetz
Hessisches Ministerium für Landwirtschaft und Forsten
Hölderlinstr. 1-3
6200 Wiesbaden

FELDHOLZINSELN

Rudolf Graulich

Zusammenfassung

In der jüngsten Vergangenheit haben manche Tierarten - darunter auch das
Niederwild - einen starken Rückgang zu verzeichnen. In erster Linie sind
die mannigfachen Veränderungen der Umwelt als entscheidende Ursache anzu-
sehen. Gerade die Glieder der Lebensgemeinschaft "Feldflur" sind von den
Bestandsrückgängen besonders betroffen.

Durch die Anlagen von Feldholzinseln kann eine Verbesserung der ökologischen Situation mit zahlreichen positiven Wirkungen erreicht werden.
Daher muß diesen spezielle Hilfe zuteil werden. Die Anlagen von Feldholzinseln ist ein Schritt in diese Richtung.

Vor 7 Jahren wurde vom Landesjagdverband Hessen ein Feldholzinselprogramm
ins Leben gerufen. Seither wurden in Hessen rund 800 ha Feldholzinseln neu
geschaffen, sowie zahlreiche Lebensräume sachgemäß gepflegt. Auch künftig
werden die hessischen Jäger ihren Beitrag zum Natur- und Landschaftsschutz
leisten.

Feldholzinseln

Ein Beitrag der hessischen Jägerschaft zum praktischen Natur- und Arten
schutz!

Anfang der 70er Jahre wurde in den Feldfluren Hessens ein starker Rückgang des Niederwildbesatzes, aber auch so mancher Vogelart, die in den
landwirtschaftlich intensiv genutzten Gebieten ebenso auf Nahrung und
Deckung angewiesen sind, beobachtet. Hessische Jäger und Naturschützer
haben ernsthaft darüber nachgedacht, welche Ursachen dieser Artenschwund
haben könnte und welche Maßnahmen geeignet erscheinen, um dieser Misere
entgegenzuwirken.

Wir wissen alle sehr wohl, daß es vom Jäger beeinflußbare und unbeeinfluß-
bare Faktoren im Hinblick auf die Niederwildhege gibt, während z.B. der
ansteigende Verkehrstod bei den freilebenden Tierarten, die Beunruhigung
durch Erholungssuchende in Wald und Feld, die zunehmende Technisierung
in der Landwirtschaft, die Anwendung von Herbiziden und Insektiziden, die
Witterungseinflüsse während der Setz- und Brutzeit von März bis Juli vom
Jäger kaum beeinflußbar sind, so gibt es nur wenige beeinflußbare Faktoren,
die die Jäger und Naturschützer im verstärkten Maße zur besseren Biotopgestal-
tung nutzen sollten.

Abgesehen von der Hege mit der Flinte, gilt es vor allem, der freilebenden
Tierwelt zu mehr Äsung und Deckung zu verhelfen. Zwei Bedürfnisse, die nach
dem letzten Weltkrieg durch die Bereinigung der Fluren und des maschinen-
gerechten Zusammenlegens vieler kleiner Ackerparzellen zu großen Anbauflächen verloren ging.

Selbstverständlich sind die jeweiligen Bedürfnisse der verschiedenen Tierarten einer Lebengemeinschaft unterschiedlich. Die alte bäuerliche Kulturlandschaft mit ihrem vielfältigen und abwechslungsreichen Mosaik von unterschiedlichen Biotopelementen erfüllte diese Ansprüche. Merkmal der alten
Bewirtschaftungsform waren stets abwechslungsreiche Felder mit verschiedenen
Kulturpflanzen im Wechsel mit Wiesen, Brachen, Weiden, Hecken und Feldgehölzen.
Darin fanden viele Tierarten mit hoher Individuenzahl eine Lebensmöglichkeit.

Dieser Landschaftstyp ist heute jedoch weitgehend verschwunden; an dessen
Stelle sind grenzlinienarme, weiträumige Anbauflächen getreten, die nach
chemischer Behandlung auch noch die wenigen "Ackerunkräuter" aus Gründen
der Ertragssteigerung eingebüßt haben.

In diesen intensiv genutzten Ackeranbaugebieten, wie z.B. in der Wetterau,
den Mittel- und Nordhessischen Beckenlandschaften oder im Hessischen Ried
fehlt ferner in den Feldlagen vieler Gemarkungen fast jeglicher natürlicher
Bewuchs. Hier finden sowohl das Wild als auch andere Tierarten wie Vögel,
Igel, Eidechsen, Nattern oder Kröten kaum noch Lebensräume, in denen sie
sich bergen, ihre Nahrung finden oder ihre Kinderstube einrichten können.
Neben diesen negativen Veränderungen sind durch vermehrte zivilisatorische
Eingriffe und Siedlungserweiterungen die natürlichen Lebensgrundlagen der
freilebenden Tierwelt weiter eingeengt worden.

Der Gedanke lag deshalb nahe, den Versuch zu unternehmen, die ehemals vorhandenen Lebensräume für das Wild und die Vogelwelt durch Anlage von Feldholzinseln wieder wohnlicher zu gestalten. Mit anderen Worten, die hessische
Jägerschaft und die beiden Naturschutzverbände DBV und HGON vertraten überein-
stimmend die Meinung, daß der Verbesserung der Feldbiotope mit den beiden
Komponenten "Nahrung" und "Deckung" besondere Bedeutung zukommt.

Mit der Anlage von Feldholzinseln sollten aber auch andere Requisiten dem
Biotop zugeführt werden, die Trinkplätze, Suhlen, Huderplätze, Nistgelegen-
heiten, Schlafbäume und anderes mehr.

Bei diesen Überlegungen gingen wir damals und auch heute noch von der Erkenntnis aus, daß die Populationsdichte freilebender Tiere von den Entfernungen und damit von dem Energieaufwand abhängen, den das einzelne Tier
aufbringen muß, um die jeweiligen Stationen dieser Requisiten zu erreichen.
Sind diese zu weit voneinander entfernt, so ist es für ein Tier unwirtschaft-
lich, diese Zwischenräume zu überwinden; die Art verschwindet.
Feldholzinseln sind aber auch gedacht als Reservate für bodenständige wild-
wachsende Pflanzen, zahlreiche Insektenarten, Kröten und Kleinsäuger. Typische
Bewohner solcher Feldgehölze aus der Vogelwelt sind Neuntöter, Dorngrasmücke,
und Goldammer, Sumpfrohrsänger und Feldschwirl.

Von besonderer Bedeutung ist auch die Rastplatzfunktion der Hecken in den
Feldholzinseln für alle beerenfressenden Arten wie Singdrosseln und Seiden-
schwanz, Rebhuhn und Fasan, sowie als winterliche Deckung für Waldohreule
und die meisten Finkenarten.

Das Bild der Landschaft wird durch Feldholzinseln verbessert. Landschafts-
ästhetisch bewirken sie eine naturnahe Gliederung und steigern damit den
Erholungswert.

Feldholzinseln können die Erträge benachbarter Felder und Obstbaumanlagen erhöhen, da sie ihre Umgebung vor Winderosionen schützen und die natürliche Durchfeuchtung erhalten.

Im Herbst 1979 habe ich in einem Grundsatzreferat dem Vorstand des Landesjagdverbandes Hessen meine Gedanken zur Verbesserung der Niederwildbiotope vorgetragen. Meine damaligen Vorschläge zielten darauf ab, die ökologischen Verhältnisse in der Feldflur zu verbessern, die Agrarlandschaft durch Anpachtung und Ankauf von Wiesenfeldern und Brachen zu bereichern und überall dort, wo Deckung und Nahrung fehlen, Feldholzinseln von 3000 bis 5000 qm Größe für die in Bedrängnis geratenen Tierarten anzulegen. Noch vorhandene Hecken und Feldgehölze sind zu schützen und durch systematische Pflege in ihren Funktionen zu stärken.

Ich möchte es mir vor diesem Gremium ersparen, die Anlage und Pflege von Feldholzinseln im Detail zu beschreiben. Sie wissen alle, daß nach einer genügend breiten Saumzone von 3 - 5 m sich der eigentliche Heckenmantel der Feldholzinsel anschließt. In der Kernzone sollten einige wenige niedrige Laubbäume dritter Ordnung stehen, damit fehlende Requisiten dort mit eingeplant werden können. Eine Feldholzinsel sollte 200 - 300 m lang und an der schmalsten Stelle nicht unter 10 m breit sein.
Unregelmäßige und verlappte Formen sind erwünscht.

Mit finanzieller Hilfe des damaligen Hessischen Ministers für Landwirtschaft und Umwelt habe ich für den Landesjagdverband und die beiden Naturschutzverbände DBV und HGON die Broschüre "Feldholzinseln, Stätten des Lebens" herausgebracht, die als Initialzündung für das gemeinsame Anliegen, Biotope zu schützen oder neu zu gründen, gedacht war. Wie groß das Interesse an der Broschüre und den darin aufgezeigten Wegen der Lebensraumverbesserung war, mögen Sie an der Tatsache messen, daß die erste Auflage von 6.000 Stück bereits nach einem halben Jahr vergriffen war und in dem folgenden Jahre 1980 die zweite Auflage der Broschüre mit einer Stückzahl von 8.000 neu gedruckt wurde.

Es hat damals nicht nur die Jägerschaft diese Idee spontan aufgegriffen und in die Tat umgesetzt, vielmehr haben auch Jugendgruppen, Naturschutzverbände und Gemeinden die Möglichkeit genutzt, um in ihrem Bereich und mit finanzieller Unterstützung des Ministeriums diese biotopverbessernden Maßnahmen durchzuführen.
Das eigentliche Problem bei der Neuanlage von Feldholzinseln lag bei der Flächenbeschaffung und bei der Kostenbeteiligung durch die Öffentliche Hand. Hier hat der damalige Umweltminister durch Erlass vom 30.7.1980 an die Landeskulturverwaltung Wege aufgezeichnet, wie im Zuge von Flurneuordnungsverfahren landschaftsgestaltende Anlagen gem. § 41 Abs. 1 des Flurbereinigungsgesetzes durchgeführt werden können. Hierzu zählten auch die Feldholzinseln als Biotophegeflächen; diese Flächen sollten in der Regel in das Eigentum der Gemeinden übergehen.
Schwieriger gestaltete sich die Flächenbeschaffung in den Gemarkungen, in denen kein Flurneuordnungsverfahren heranstand. Obwohl das Jagdgesetz den Verpächter - die Jagdgenossenschaften - zur Bereitstellung von Hegeflächen verpflichtete, blieb dieser Gesetzesauftrag meist unbeachtet; vielmehr mußten die Jagdpächter oder Naturschützer entsprechende Flächen anpachten oder ankaufen. Darüberhinaus haben viele Gemeinden vorrangig rekultivierte Müllplätze, Erddeponien oder unbewirtschaftete Flächen für diese Biotopmaß-

nahmen bereitgestellt; in Ausnahmefällen wurde auch die Anpachtung von
forst- und domänenfiskalischem Streubesitz ermöglicht.

Die Forstverwaltung hat durch ihre Bereitschaft, geeignete Wildlings-
pflanzen aus dem Staatswald kostenlos an die Begründer dieser Hegeflächen
abzugeben und durch die Bereitstellung von Maschinen und Geräten einen för-
derlichen Beitrag geleistet. Der entsprechende Erlass vom 8.7.1980 liegt
den Forstämtern vor; er hat ebenso wie der Grundsatzerlass an die Landeskulturverwaltung heute noch Gültigkeit. Interessenten können auch heute
noch auf Grund dieser Richtlinien mit der Unterstützung dieser Behörde
rechnen und öffentliche Fördermittel für diese Projekte beantragen.

Die damals in der Broschüre gegebenen Hinweise auf die notwendige Vernetzung solcher Flächen durch Gräben, Raine und Wegeränder, fanden nur
stellenweise Beachtung. Umsomehr bin ich erfreut, daß wir heute in der
Lage sind, durch Anpachtung und Ankauf von Grundstücken durch die Naturlandstiftung und durch die Hessische Landgesellschaft dieses notwendige
Vernetzungsprogramm großzügig weiter zu betreiben, wozu auch als Ergänzung
das ökologisch wichtige Ackerschonstreifenprogramm zählt.

Ganz sicher war es in den Gründerjahren 1979 auf 1980 nicht möglich, alle
diese ökologischen Feinheiten von Anbeginn an mitzufordern und mit einzu-
planen: zum Teil war vor 10 Jahren die Zeit dazu noch nicht reif. Durch
die landwirtschaftliche Überproduktion und den Zwang der Rückführung von
Abbauflächen auf ein ökonomisch und volkswirtschaftlich vertretbares Maß,
hat die ökologische Zielsetzung mit der wir damals angetreten sind, neuen
Auftrieb erhalten, den wir nutzen sollten.
Nach unserem heutigen Überblick haben wir in den vergangenen 7 Jahren in
Hessen rd. 800 ha Feldholzinseln neu geschaffen und viele überalterte
Heckenraine und Deckungsflächen durch sachgemäße Pflege in der Funktion
gestärkt. Dies ist nach einer verhältnismäßig kurzen Zeitspanne eine Erfolgs-
bilanz, auf die die hessischen Jäger und Naturschützer mit Recht stolz sein
können.
Aber noch ist das ökologische Gleichgewicht im Wald und Feld nicht zufrieden-
stellend erreicht. Nach wie vor müssen wir den Artenschutz als Kernstück
des eigentlichen Naturschutzes betrachten und ihm unsere Aufmerksamkeit und
Arbeit widmen. Deshalb möchte ich auch heute noch einmal meinen alten Wahl-
spruch vor Jägern und Naturschützern wiederholen, der da lautet:

"Hegt und pflegt den Biotop, die freilebende Tier- und Pflanzenwelt stellt sich dann von alleine ein"

Die hessischen Jäger sind gewillt, getreu diesem Motto, auch künftig ihren
Beitrag zum Natur- und Artenschutz zu leisten.

Oberlandforstmeister a.D. Rudolf Graulich
Landesjagdverband Hessen
Heidelberger Landstr. 171
6100 Darmstadt-Eberstadt

BIOTOPSCHUTZPROGRAMME UND ERFAHRUNGEN BEI DEREN UMSETZUNG:
ACKERRANDSTREIFENPROGRAMM

Karin Schreiner

Zusammenfassung

Die Ackerwildkrautgemeinschaften gehören durch die intensiven landwirtschaftlichen Produktionstechniken besonders durch die Bekämpfung mit
Herbiziden heute zu den am stärksten bedrohten Pflanzengesellschaften.

Der Deutsche Bund für Vogelschutz - Landesverband Hessen - führt in Zusammenarbeit mit dem Ministerium für Landwirtschaft und Forsten in Hessen und den
Ämtern für Landwirtschaft und Landentwicklung eine Aktion zum Schutze der
Ackerbegleitflora durch. Das Ackerrandstreifenprogramm dient dem Schutz,
der Erhaltung und der Regeneration der gebietstypischen Ackerbiozönosen.

Es werden zwei bis fünf Meter breite Ackerrandstreifen ausgewählt, die
frei von Pflanzenbehandlungsmitteln bleiben. Zur Schonung der Saumbiotope
und unter Berücksichtigung von Aspekten einer Lebensraumvernetzung sollen
die Ackerrandstreifen möglichst an einen Feldweg, Graben, Böschung, Rain,
Hecke, Feldgehölz, Waldrand oder Grünland angrenzen.

Der Randstreifen wird, wie die restliche Ackerfläche in der üblichen Weise
bewirtschaftet und geerntet, aber nicht mit Bioziden gespritzt. Beim Vor-
handensein von Pflanzengesellschaften, die auf nährstoffarme und boden-
saure Substrate angewiesen sind, kann zusätzlich die Düngung reduziert
werden.

Die Aktion basiert auf einer freiwilligen Mitarbeit der Landwirte, die für
ihre Mindererträge in Folge der Nutzungseinschränkung 9 Pfennig pro qm und
Jahr als Ausgleich erhalten. Die Maßnahme soll langfristig und landesweit
durchgeführt werden.

Mehr als 400 km Ackerrandstreifen sind in diesem Jahr (1986) hessenweit in
das Schutzprogramm einbezogen. Die meisten Randstreifen befinden sich in
den Kreisen Lahn-Dill, Gießen, Werra-Meißner, Main-Kinzig und Wetterau.

Biotopschutzprogramme und Erfahrungen bei deren Umsetzung:
Ackerrandstreifenprogramm

Bereits vor mehr als 5.000 Jahren begann der Mensch Ackerbau zu betreiben.
Viele unserer Ackerbegleitpflanzen fanden dadurch erst einen Lebensraum in
Mitteleuropa. Insgesamt gibt es in der Bundesrepublik ungefähr 280 Acker-
wildkrautarten. Durch die zunehmende Intensivierung des Ackerbaus in den
letzten Jahrzehnten sind mittlerweile 14 Arten verschollen, und über 70
Arten sind gefährdet oder vom Aussterben bedroht.

Der Landesverband des Deutschen Bundes für Vogelschutz Hessen hat vor

knapp zwei Jahren eine "Aktion Kornblume" ins Leben gerufen, die dem
Schutz und der Erhaltung unserer Ackerlebengemeinschaften dient. Bereits
1985 konnte das Ackerrandstreifenprogramm unter der Regie des DBV auf
einigen hessischen Ackerschlägen anlaufen.

Gleichzeitig wurde vom Ministerium für Landwirtschaft, Forsten und
Naturschutz (jetzt Ministerium für Landwirtschaft und Forsten) ein
Programm zur Förderung und Erhaltung ökologisch wertvoller Pflanzen-
gesellschaften in Wirtschaftsgrünland und Ackerbau vorbereitet, das dieses
Jahr in Zusammenarbeit mit dem Deutschen Bund für Vogelschutz hessenweit
zum Tragen kommt.

Grundlagen und Zielsetzung

Die Grundlagen wurden von einer Arbeitsgruppe aus Vertretern der
Hessischen Lehr- und Forschungsanstalt Eichhof, der Naturschutzbehörden,
der Naturschutzverbänden und des Hessischen Bauernverbandes aufgestellt.

Zielsetzung ist die Erhaltung und Förderung der gesamten Acker- und
Wiesenlebengemeinschaften als ein Schritt zum Aufbau von vielfältigen
Lebensraumverbundsystemen in unserer Kulturlandschaft.

Anlage von Ackerrandstreifen

Im allgemeinen werden zwei bis fünf Meter breite Ackerrandstreifen ausgewählt, die in der üblichen Weise bewirtschaftet werden, aber frei von
Pflanzenbehandlungsmitteln (Herbizide, Insektizide) bleiben. Zur Schonung
der Saumbiotope und zur Berücksichtigung von Aspekten einer Lebensraumvernetzung sollen die Ackerrandstreifen möglichst an einen Feldweg, Graben,
Böschung, Rain, Hecke, Feldgehölz, Waldrand oder Grünland angrenzen. Der
Schonstreifen verläuft aus praktischen Gründen meist parallel zur Bear-
beitungsrichtung.

Die Fruchtwahl und Fruchtfolge bleiben dem Landwirt überlassen. Die Maßnahme baut auf eine freiwillige Mitarbeit der Landwirte auf, die für ent-
stehenden Minderertrag und eventuelle Ernteerschwernisse einen Ausgleich
von 9 Pfennig pro m^2 erhalten.

Die Bewirtschaftungsverträge (keine Pachtverträge) werden zumindest jetzt
in der Anlaufphase nur für ein Jahr getroffen und danach verlängert. Die
Schutzmaßnahme muß selbstverständlich langfristig durchgeführt werden,
damit die o.g. Zielsetzung erreicht werden kann.

In das Programm werden sowohl Flächen integriert, die die Landwirte für
die Aktion anbieten, als auch von Seiten des Naturschutzes vorgeschlagene
Parzellen. Die Verhandlungen und Gespräche mit Landwirten werden von
den DBV-Gruppen und Mitarbeitern der Ämter für Landwirtschaft und Landentwicklung geführt.

Umsetzung und Ergebnisse

Insgesamt konnten dieses Jahr bereits mehr als 400 km Ackerrandstreifen
in die Schutzmaßnahme einbezogen werden. Mit über 500 Landwirten wurden

Verträge abgeschlossen. Ein Großteil der Verträge geht auf die vielfältigen Aktivitäten des DBV zurück.

Sämtliche Landwirte, die bereits 1985 vom DBV aus, auf einigen Schlägen
mit der Umsetzung der Aktion begannen, arbeiten dieses Jahr im Landes-
programm wieder mit.

Die Bereitschaft der Landwirte ist recht groß und kann durch entsprechende Aufklärung und Publikmachung des Programmes in den nächsten
Jahren gesteigert werden.

Die meisten Randstreifen befinden sich in den Kreisen Lahn-Dill und
Gießen, Werra-Meißner, Main-Kinzig und Wetterau. In den südlicheren
Landesteilen sollte durch verstärkte Öffentlichkeitsarbeit eine höhere
Resonanz erzielt werden.

Die Struktur der mitarbeitenden landwirtschaftlichen Betriebe ist viel-
fältig. Sowohl große Betriebe, als auch kleinere und Nebenerwerbsland-
wirte haben Interesse gezeigt. Die Anzahl der Randstreifen pro Landwirt
variiert zwischen einem und mehr als zehn.

Durch den Verzicht auf Pflanzenbehandlungsmittel stellte sich auf den
meisten vereinbarten Schlägen in den beiden Jahren artenreiche Ackerwildkrautgemeinschaften ein. Die vom Verfasser untersuchten Randstreifen weisen
überwiegend eine vielfältige Begleitvegetation auf. Nicht nur häufigere
Arten traten auf, sondern auch seltenere oder gefährdete Arten konnten sich
entwickeln.

Durch den Reichtum an Ackerwildkräutern konnte auch eine vielfältige Fauna,
insbesondere blütenbesuchende und sich von Wildkräutern ernährende Insekten,
beobachtet werden.

Aspekte zur langfristigen Durchführung

Die bereits gewonnenen, vielversprechenden Ergebnisse und Erfahrungen
sollten in zukünftige Planungen einbezogen werden, damit eine erfolgreiche,
langfristige Durchführung des Schutzprogrammes erzielt wird.

Voraussetzung dafür ist neben den rechtzeitig zur Verfügung stehenden
Mitteln und einer guten Zusammenarbeit aller Beteiligten, die Betreuung
sämtlicher Flächen. Eine Betreuung darf nicht nur Kontrolle bedeuten,
sondern sollte möglichst umfassend sein. Besonders wichtig ist:

1. Ständiger Informations- und Erfahrungsaustausch zwischen den Landwirten, den Naturschutzgruppen und den Mitarbeitern der Behörden.

2. Wissenschaftliche Betreuung

   a) kartographische Darstellung und Erarbeitung eines Katasters

   b) regelmäßige pflanzensoziologische Bestandsaufnahme aller verein-
      barter Flächen, und zwar hessenweit nach der gleichen Methode
      zur Gewährleistung der Vergleichbarkeit der Daten

   c) jährliche Auswertung und Analyse.

Zur Vergrößerung der ökologischen Effizienz sollten künftig noch mehr
Ackerschläge integriert werden, von denen bereits bekannt ist, daß
seltene oder gefährdete Arten bzw. Gesellschaften vorkommen. Weitergehende
Bewirtschaftungsvereinbarungen wie Verbot einer Kalkung und Verringerung
der Stickstoffdüngung auf nährstoffarmen Standorten und die Einbeziehung
schmaler Äcker in ihrer Gesamtgröße sollte möglich werden.

Insgesamt werden von der Arbeitsgruppe und dem DBV angestrebt, ca. 0,5 %
der hessischen Ackerfläche durch die Schutzmaßnahme zu erfassen.

Literatur:

DEUTSCHER BUND FÜR VOGELSCHUTZ (Hrsg.), 1985:

    Rettet die Ackerwildkräuter. DBV-Merkblatt 6 S., Bonn

DEUTSCHER NATURSCHUTZRING (Hrsg.), 1982:

    Die Pflanzenwelt der Äcker, Raine und Ruderalplätze. 25 S., Bonn

LANDESPFLANZENSCHUTZAMT RHEINLAND-PFALZ (Hrsg.), 1986:

    Förderung der Artenvielfalt von Ackerwildkräutern. 29 S., Mainz

MINISTER FÜR UMWELT, RAUMORDNUNG UND LANDWIRTSCHAFT
DES LANDES NORDRHEIN-WESTFALEN (Hrsg.), 1985:

    Schutzprogramm für Ackerwildkräuter, Schriftenreihe Nr. 3,
                             Düsseldorf

SCHREINER, K., 1986:

    Ackerlebengemeinschaften - Ackerrandstreifenprogramm
    des DBV-Landesverband Hessen. Naturschutz heute,
                 H. 1/86, S. 16, Kornwestheim

SCHUMACHER, W.,1980:

    Schutz und Erhaltung gefährdeter Ackerwildkräuter durch
    Integration von landwirtschaftlicher Nutzung und
    Naturschutz. Natur- und Landschaft 55, H. 12,
                           447-453.

SCHUMACHER, W., 1984:

    Gefährdete Ackerwildkräuter können auf ungespritzten
    Feldrändern erhalten werden. LÖLF - Mitt. 9,
                        H. 1, 14-20.

Dipl.-Biologin Karin Schreiner
Deutscher Bund für Vogelschutz LV Hessen e.V.
Friedenstr. 25
6330 Wetzlar

ARTENSCHUTZPROGRAMM "ALTHOLZINSELN" IM HESSISCHEN WALD

Joachim Stein

Zusammenfassung

Ein zentrales Anliegen im Waldnaturschutz ist der Erhalt bzw. künftig
eine Vergrößerung des Anteiles alter, ausgereifter Wälder bzw. Wald-
teile, da Wirtschaftswälder im Vergleich zu Naturwäldern durch die "Um-
triebsfixierung" kurzlebiger sind und die Biotoansprüche der an Altwald
gebundenen Tier- und Pflanzenarten nur fragmentarisch befriedigt werden.
Am drastischsten ist der Mangel an Baumleichen, die in Urwäldern wichtige
Lebensbasis für einen Teil der Wald-Zoozönose sowie saprophage Pilze,
Moose und Flechten darstellen.
Des weiteren beschneiden die forstlichen Umtriebszeiten die Nutzungsdauer
erheblich, die den Sekundärbewohnern von Spechthöhlen im Naturwald zur
Verfügung stünden: so stehen die wegen ihrer Größe besonders attraktiven
Schwarzspechthöhlen ihren Nutznießern (z.B. Hohltauben, Dohlen, Rauhfuß-
käuzen, Bilchen, Fledermäusen, Wildbienen etc.) max. zu 20 % der Umtriebs-
zeit eines Waldes zur Verfügung, wenn der Bestand (Beispiel Buche) im
Alter von 140 Jahren verjüngt wird, da Schwarzspechte aufgrund ihrer
Körpergröße erst Buchen ab Alter 110 bis 120 Jahren zur Höhlenanlage nutzen
können. Dagegen erhöhte sich die Nutzungsphase im 250-jährigen Wald auf
50 bis 60 %.
Um hier biotopfördernde Abhilfe zu schaffen, wurden seit dem Jahre 1977
in Zusammenarbeit von Landesforstverwaltung und "Hess. Gesellschaft
für Ornithologie und Naturschutz" 880 sog. "Altzholzinseln" auf einer Fläche
von zusammen 1700 Hektaren Staatswald ausgewiesen. Die Größen der Altholzinseln schwanken von 0,5 bis 5 ha, der größte Teil ist 1 bis 2 ha
groß. Innerhalb der AHI darf bis auf weiteres keine Substanzentnahme erfolgen, insbesondere kein Totholz.
Inwieweit damit bereits ein Vernetzungs-Effekt erreicht wurde, bleibt
abzuklären und wird im Rahmen dieses Symposiums zur Diskussion gestellt.

Artenschutzprogramm "Altholzinseln" im hessischen Wald

Nachdem mit dem Ackerrandstreifenprogramm und dem Feldholzinselprogramm zwei
Biotopschutzkonzeptionen für die ohne Zweifel heutzutage extrem negativ vor-
belasteten Agrarlandschaften vorgestellt worden sind, müßte man annehmen, daß
sich derartige Schutzbestrebungen in unserem relativ naturnahen Ökosystem,
den Wäldern, eigentlich erübrigen.
Dies wäre insbesondere zu vermuten, wenn die Waldwirtschaft sich natürlicher,
d.h. in ihrer Vegetationszusammensetzung unverfälschter Waldbestände bedienen
würde. In Hessen wären bzw. sind dies die verschiedenen Laubwaldgesellschaften,
die noch etwa knapp die Hälfte aller Waldflächen ausmachen.

Daß aber trotzdem, auch in diesen, von der Baumartenstruktur her noch relativ
naturnahen Wäldern ökologisch gravierende Veränderungen durch die Nutzbar-
machung eingetreten sind, möchte ich Ihnen im folgenden aufzeigen:

Vergleichen wir zunächst einmal die Altersentwicklung von Wirtschaftswäldern
einerseits und ungestörten Naturwäldern andererseits. Das Lebensalter unserer
Forsten wird durch die Betriebsplanung fixiert. Die sog. Endnutzung auf dem
Höhepunkt der gesamten Wertleistung eines Waldes - einen gleichaltrigen
Bestand als Ausgangsbasis angenommen - setzt plausiblerweise vor dem Ein-
tritt der Alterserscheinungen und ganz besonders vor dem Auftreten von
Zerfallprozessen an Bäumen ein. Definiert wird dieser Zeitpunkt als Um-
triebszeit. Sie liegt in Buchenwäldern etwa bei 150 Jahren, bei der
Fichte etwa bei 100 Jahren.
Diese Beschneidung der potentiellen Lebenserwartung an Bäumen bzw.
Wäldern bringt zwangsläufig eine Beschneidung der Lebensbedingungen für
an Altwald gebundene Pflanzen- und Tiergemeinschaften mit sich. Aus der
ökologischen Grundlagenforschung wissen wir inzwischen mehr über die
spezifischen Biotopansprüche ökologisch anspruchsvoller und daher im
Artenspektrum meist selten vorkommender Arten.
Insbesondere die Auswertungen der sog. "Roten Listen" bestandsgefährdeter
Tier- und Pflanzenarten läßt erkennen, daß mehr als die Hälfte (z.B. der
bedrohten Arten in Wald-Ökosystemen) Arten sind, die an alte, ökologisch
ausgereifte Wälder gebunden sind.

Von sieben in Baden-Württemberg ausgestorbenen Vogelarten, sind vier
ausgesprochene Altwaldhabitat-Spezialisten, nämlich Schreiadler, Schwarz-
storch, Weißrückenspecht und Dreizehenspecht.

Im faunistisch inzwischen für einige Tiergruppen exzellent erforschten
Nationalpark Bayer. Wald leben die fünf für diese Höhenzone in Frage
kommenden Spechtarten nur in den wenigen verbliebenen Urwaldresten. In be-
nachbarten Altersklassenwäldern erfolgt - analog zur jeweiligen Altersklasse -
die Aufteilung der Spechtarten nach temporären Nutzungsphasen, wobei die
ausgesprochenen Urwaldspezialisten Weißrücken- und Dreizehenspecht nur
noch sporadisch erscheinen bzw. weitgehend ausgestorben sind. Das wenige Totholz in Form von Baumleichen in den Wirtschaftswäldern reicht beim dort
allenfalls praktizierten Einzelüberhalt abgestorbener Bäume quantitativ
dann nicht mehr aus.

Für Hessen trifft dies für den Weißrückenspecht, der an abgestorbene und
im Ökosystem verbleibende Laubbäume gebunden ist, ebenfalls zu. Er ist mit
dem Abbau der ursprünglichen Buchen-und Urwaldreste in Hessen wie auch
im niedersächsischen Solling - verschwunden.

Hochgradig bestandsgefährdet und regional bereits weitgehend ausgestorben
sind viele der rund 1000 in oder vom Holz lebenden einheimischen Käferarten. Im vernetzten Ökosystem Wald spielt das große und in manchen Details
noch unerforschte Heer der Hautflügler, Fliegen, Tausendfüßler, Asseln und
Springschwänze eine bedeutende Rolle, dessen Biomasse je Hektar z.B. höher
ist als die des Wildes.

BLAB wertete forstentomologische Arbeiten mehrerer Naturwissenschaftler in
seinem grundlegenden Werk zum Biotopschutz für Tiere hinsichtlich 28 gefährdeter und als Altholzspezialisten bekannter Käferarten aus. Dabei zeigt
es sich, daß 24 Arten (das entspricht 85 %)an alte, ausgereifte Laubwald-
reste der Baumarten Eiche und Buche gebunden sind. 7 dieser Arten sind
sogar Endemiten. d.h. sie sind an keiner anderen Baumart vorgekommen bzw.
können an keinem anderen leben.

Besonders bemerkenswert ist dabei, daß die meisten der gefährdeten Arten nicht
nur einfach alten Wald brauchen, sondern sogar ähnlich wie holzbewohnende Pilze
an sehr biotopspezifische Kriterien gebunden sind, die im wesentlichen von
drei Faktoren abhängig sind:

1. der Baumart
2. dem Holzvolumen (Stärke des Baumes)
3. dem Mikroklima im bzw. unmittelbar am Holz

Gerade die beiden letztgenannten Komponenten, Holzvolumen und Mikroklima zeigen
die Problematik der Überlebenschancen auf. Bei vielen Arten, insbesondere
wiederum bei den Urwaldspezialisten, genügt als Lebensbasis kein schwaches
Totholz, das unser Wirtschaftswald ohnehin im Überfluß bietet. Benötigt wird
stark dimensioniertes Holz, bei dem der Nutzungsverzicht dann selbstverständlich ökonomisch in's Gewicht fällt.
Mit dem Einzelüberhalt eines abgestorbenen Baumes nach Abräumen des Bestandes,
ändert sich das Mikroklima. Der "Biotopbaum" steht im Freilandklima. Bei vielen
Arten müssen aber ganz spezielle kleinklimatische Milieubedingungen erfüllt
sein, die oft nur das Bestandesinnere eines Waldes oder einer restlichen Par-
zelle von genügend großer Flächeneinheit mit sich bringt.
Weiterhin differenzieren sich die Habitatansprüche einiger Insektenarten an
der Baumleiche sogar noch dahin, daß die Entomofauna im stehenden Baumstumpf
noch eine andere ist, als etwa die des umgestürzten vermoderten Baumes. Man
sieht, wie subtil hochgradig spezialisierte Lebensformen ihren Habitat wählen
und wie komplex die Kriterien für tatsächlichen Biotopschutz der ökologisch
anspruchsvollen Arten sein können.
Bleiben wir aber einmal bei den Tierarten, die uns sicherlich eher geläufig
sind. Dohlen, Hohltauben, Rauhfußkäuze, Bilche und Fledermäuse - um nur
einige Wirbeltierarten zu nennen - sind Nutznießer der Schwarzspecht-Höhlen
im Wald. Sie können selbst keine Brut- und Überwinterungshöhlen anlegen und
sind daher auf unseren größten Specht angewiesen.

Dieses kleine, relativ simple Beispiel verdeutlicht die synökologische Ver-
netzung in der Waldlebensgemeinschaft. Mit anderen Worten heißt das, daß das
Höhlenquantum der örtlichen Schwarzspecht-Populationen die Basis und ggf. den
Engpaß für jene Arten darstellt, die von ihm abhängig sind. In unbeeinflußten
Naturwäldern würden die Spechthöhlen, aufgrund der lang anhaltenden Alters-
phase dieser Wälder, die weit über das vom forstlichen Umtriebsalter bekannte
Maß hinausreichen würde, in sehr viel längeren Zeitspannen zur Verfügung
stehen.

Ein Beispiel:

In den Urwaldresten des Balkans stehen die Baumhöhlen 250 bis 300-jähriger
Wälder weit über die Hälfte der gesamten Waldentwicklung vom Verjüngungs-
stadium bis zur Zerfallsphase den Bewohnern zur Verfügung.

Dagegen sinkt dieser Nutzungszeitraum im ca. 150-jährig bewirtschafteten
Buchenwald Mitteleuropas auf etwa 20 % ab, da Schwarzspechte solche Wälder
wegen der Minimaldimension der Stämme zur Höhlenanlage erst etwa ab Alter 110/120 Jahre nutzen können.

Um diesem Engpaß in der Waldbiozönose Abhilfe zu verschaffen, haben wir
seitens der Hessischen Gesellschaft für Ornithologie und Naturschutz im
Jahre 1976 zusammen mit der Obersten Naturschutzbehörde des Landes Hessen
das sogenannte "Altholzinsel-Programm" entwickelt.

Diese Schutzkategorie stellt bundesweit sowohl inhaltlich als auch in
räumlicher Sicht ein Novum dar und es bestehen in meheren Ländern Bestre-
bungen, ähnliche Biotopschutzkonzepte in die Wege zu leiten.
Mit Hilfe von Ornithologen und Forstleuten haben wir die Waldpartien ermittelt, in denen eine Häufung von Schwarzspechthöhlen vorhanden war.
Auf Flächengrößen von 0,5 bis maximal 5,0 ha wurden dann die Altholzinseln fixiert und durch Festschreibung in den Betriebswerken langfristig
abgesichert. Bis auf weiteres darf in diesen Biotopschutzzellen keine
Biomasseentnahme mehr erfolgen, d.h. es dürfen auch keine abgestorbenen
Bäume mehr gefällt oder Windfallholz entnommen werden, damit sich die für
natürliche Wälder typische Menge an toter und im Abbau befindliche or-
ganische Substanz bilden kann. Die im Holz gebundene Energie wird somit
nicht in Form von Nutzholz dem Naturhaushalt entzogen, sondern im Ökosystem umgeschichtet und in diesem Prozeß von saprophagen Pilzen,
Flechten und Gliedertieren genutzt.

Das Altholzinsel-Programm umfaßt zur Zeit etwa 880 Objekte im Lande,
ganz überwiegend im Staatswald. Die Gesamtfläche wird vom Ministerium
mit ca. 1700 ha Waldfläche beziffert. Die durchschnittliche Größe der
Altholzinseln beträgt knapp 2 ha, die Verteilung der ausgewiesenen Inseln
sieht wie folgt aus: 10 % der Altholzinseln sind 0,5 ha groß, 67 %
0,5 bis 2 ha groß, 14 % haben 2 bis 3 ha Größe und 9 % sind größer als
3 ha (max. 5 ha).
Der Nutzungsverzicht wurde als erntekostenfreier, kapitalisierter Betrag
von 21 Millionen DM angegeben. Dazu muß gesagt werden, daß zwar Buchenwäl-
der im Endnutzungsstadium hohe Vermögenswerte darstellen, im übrigen aber
aufgrund der hohen Produktionskosten während des gesamten Lebensalters
durchschnittlich keine Rendite mehr abwerfen, da weit über die Hälfe der
gesamten Umtriebszeit defizitäre Sortimente anfallen, wenn man die hohen
Pflegeaufwendungen, Wildabwehrmaßnahmen, Erntekosten, Wegebau-Aufwendungen
und Verwaltungskosten anteilig umlegt.
Im übrigen sollten geldwert nicht greifbare Naturschutzobjekte in anderen,
nämlich kultur- bzw. gesellschaftpolitischen Dimensionen gemessen werden.
So entpricht der für das Endnutzungsstadium bezifferte Wertverlust von
21 Millionen DM dem Gegenwert von 2 bis 3 km Autobahn-Neubaukosten.

Joachim Stein
Hessische Gesellschaft für Ornithologie und Naturschutz
Forsthaus Offdilln
6342 Haiger-Offdilln

Bericht zum Vortrag:
ÜBER DIE NOTWENDIGKEIT VON BIOTOP-VERBUNDSYSTEMEN
(überarbeiteter Tonbandmitschnitt des Vortrages von Prof.Dr.
Berndt Heydemann, Zoologisches Institut, Universität Kiel)

Zusammenfassung

Die Natursysteme sind allesamt auf einen räumlichen Kontakt untereinander abgestimmt und von diesem Verbund in millionenjahrelanger Evolution abhängig geworden. Selbst scheinbar besonders harte Grenzen
zwischen Ökosystem-Komplexen - wie beispielsweise zwischen Meer- und
Land-Systemen - sind noch durch zahlreiche Raum-Verbindungen, Arten-
zusammenhänge, durch Stoffaustausch-Vorgänge und andere ökologische
gegenseite Beeinflußungen gekennzeichnet.

Viele Arten benötigen für ihren Lebensablauf sehr verschiedenartige
Biotop-Kombinationen, die entweder zeitlich nacheinander oder sogar
gleichzeitig nebeneinander zur Verfügung stehen müssen. Lebensräume
in der Natur müssen daher also zu anderen in einem räumlichen Verbund
(= Kontakt) stehen, wenn natürliche Gleichgewichte erhalten werden
sollen.

Jedes Gleichgewicht in Lebensgemeinschaften (Ökosystem) beruht
darüberhinaus auf Aktionen von Organismen-Arten untereinander. Diese
Interaktionen laufen auf sehr verschiedenartigen, miteinander ver-
knüpften Wegen und Aktions-Linien ab. Prof. Heydemann spricht von "Vernetzung"
der Ökosysteme und meint damit - im Gegensatz zum räumlichen "Verbund"
von Biotopen - die Beziehungs-Systeme (z.B. Konkurrenz- und Nahrungs-
beziehungen) der Arten.

Der Vortrag zeigt die Prinzipien der Natur-Strategien von Verbund
zwischen Biotopen und Ökosystemen und der Vernetzung zwischen Arten
auf.

Einleitung

Das Thema Verbund und Vernetzung beschäftigt ja in den letzten Jahren
nicht nur die Wirtschaft, die oft unter dem Gesichtspunkt von Verbund,
Kartell, Vernetzung und Wirtschaftsbeziehungen eine große Anzahl von
Ideen und Weiterentwicklungen auffängt. Der Naturschutz hat aber
sicher nicht diese Idee aufgegriffen, sondern etwas, was die Natur als
grundsätzliche ökonomische Strategie schon seit Jahrmillionen entwickelt hat.
Die ganze Evolution von Organismen unserer Ökosysteme entstand in der
Organisation des Kontakts zueinander, darunter versteht Prof. Heydemann
a) den räumlichen Kontakt, also den Verbund von Lebensräumen,
b) die Beziehungen der Organismenarten, also die Vernetzung von
   Individuen.
Er verwendet diese beiden Begriffe also nicht etwa als Synonyme für den
gleichen inhaltlichen Bereich.

Der Verbund

Unter Verbund versteht Prof. Heydemann das Aneinanderstoßen von Lebensräumen, ob sie nun schmal sind wie Hecken, ob sie nun an einem Wald entlanglaufen, wie Waldsäume, oder ob sie Ackerrandstreifen sind, wie im Extensivierungs-Programm. Sie sind übrigens auch in der Längsrichtung miteinander verbunden und nicht nur, wenn eine schmale Zone an die andere stößt, in der Querrichtung miteinander in Kontakt.

Diese Verbundkonzepte beschäftigen den Naturschutz in besonderem Maße und sie sind Strategien, um etwas zu schützen. Sie sind nicht das unbedingte Ziel des Naturschutzes. Ziel des Naturschutzes muß ja vielmehr sein, Arten und Organismen zu schützen als Basis allen Funktionierenden des Naturhaushaltes. Ohne Organismenarten kann kein Naturhaushalt funktionieren. Medien - wie Boden, Wasser und Luft - und tote Strukturen - wie etwa die Organisation von festem Boden, Fels und Gestein - sind für Organismen Bestandteile, die ihren Lebensraum gliedern. Die Organismen benötigen oftmals sogar ganz bestimmte solcher toten Strukturen. Dabei kann sogar der zur Verfügung stehende Raum (auf derselben Fläche) "vergrößert" werden, indem z.B. Organismen auf rohem Totholz aufwachsen, oder Wasser durch Mäanderbildung besonders viel Landschaft durchläuft und damit den verbindenden Kontakt vergrößert. Alles dies sind Elemente, durch die Lebewesen eine verbesserte Lebensqualität erfahren.

Es heißt die Natur soll funktionieren, nicht sie soll leistungsfähig sein. Leistung ist ein typischer Begriff der technisch-industriellen Gesellschaft und hat nichts mit dem zu tun, was man als Leistung von Einzelorganismen, einem zoologischen und physiologischen Begriff, kennt. Ökosysteme sind dagegen nicht unbedingt leistungsfähiger, wenn sie mehr Stoff umsetzen. Nährstoffreiche Ökosysteme, beispielsweise nährstoffreiche Seen, setzen natürlich viel mehr Stoffe um als nährstoffarme. Trotzdem werden momentan die Klarwasserseen geschützt, die nährstoffarm sind, obwohl sie gleichzeitig auch nicht mehr, sondern weniger Arten haben. Man schützt in ihnen die wenigen Arten, im Gegensatz zu den Eutrophierungsprozeßen, die erstmal jedenfalls eine Vielzahl an Arten mehr bewirken. Damit ist auch Vielfalt von Arten nicht immer unbedingt spontan ein schützenswertes Ziel. Natürliche Vielfalt ist das Ziel und nicht, eine absolute Zahl von Arten im einzelnen Fall zu organisieren.

Die Zielrichtung des Naturschutzes ist also: der Erhalt der typischen Artenzahl, der typischen Artenvielfalt und der typischen Häufigkeitsgrade von Organismen an dem typischen Standort, in ihrer typischen Verteilung über eine Region oder über Lebensräume und in ihrer typischen Verbreitung über geographische Zonen. Um dieses zu tun, darf man dabei nicht den Irrtümern menschlicher Gewohnheit unterliegen, die aus ihrer Wohnraumgliederung oder Gestaltung ihrer Wohnung in den letzten Jahrhunderten völlig andere raumstrukturelle Gesichtspunkte übernommen haben. Diese Gesichtspunkte aus Erziehung und Gewohnheit im eigenen Leben oder vielleicht auch sogar im menschlichen Bereich führen zum Teil zu ganz anderen Grundlagen der Beurteilung, was richtig und was falsch ist.

Um diesen anthropomorphen Vorstellungen nicht zu erliegen, sondern für das, was der Natur zurückgegeben werden soll, Naturschutzstrategien zu verwenden,

muß man diese Naturstrategien erst mal analysieren und die Bedeutung
von Verbund und Vernetzung klären.
Zunächst einige Anmerkungen zu dem Begriff "Verbund" also zur Bedeutung
von Biotopverbund in der Natur und für den Naturhaushalt. Es gibt in der
Natur keine unüberwindbaren Grenzen. Sei es z.B. das Anstoßen von großflächigen Meeresbiotopen an Land, überall sind immer Organismen in der
Lage, ja darauf angewiesen, harte Grenzen zu überdauern. Sie haben ihre
Strategien der Verbreitung sogar darauf ausgerichtet, dieses zu können,
wie etwa bei den Zugwanderungen vieler Vogelarten. Da gibt es Arten,
die vom Nordpol bis fast zum Südpol, also zumindest von dem nördlichen
Festland oder nördlicher gelegenen Gegenden von Grönland bis nach Kap-
stadt wandern, wie die Küstenseeschwalbe. Zwischen Nahrung und Brut-
raum liegen so oft tausende Kilometer verbundener, verbindender Räume.
Damit ist klar, daß die Natur auch in ihren extremsten Bereichen eine
Fülle von Arten hat, die diese Extreme nicht als Grenze anerkennen, ja
sogar das Nebeneinander harter Grenzen, wie etwa die Felsküste im Ge-
zeitenbereich mit 5 bis 10 m Tidenhub (oder noch mehr, wie z.B. in der
Bretagne), brauchen, um eine vertikale Zonierung, gewissermaßen die
vertikale Weichheit des Übergangs, an sonst harten Felsküsten zu organisieren. Da reichen dann Teile von Landorganismen bis ins Wasser und
Teile von Meeresorganismen in den Landbereich hinein. So das Watten-
meer, in dem die Meeresorganismen weiter unter den terrestrisch besiedelten Salzwiesen heruntergehen. Auf diesen, kilometerweiten, von
Landorganismen überwanderten Flächen, setzen sich etagen-ökologisch
unterschiedlich orientierte Lebensgemeinschaften vertikal überein-
ander und stehen, senkrecht betrachtet, direkt über Zentimeter miteinander in Verbindung. Von diesem Übereinanderliegen von Organismen-
gruppen im vertikalen und horizontalen Verbund, lebt dieser ganze biologische Austausch.

Die Natur hat also hier über solche Verbundsysteme eine große Anzahl
von Arten miteinander kombiniert, und sie hat weiteres getan, die Arten
sind darauf eingegangen und haben vielfach doppel- und dreifach Biotopansprüche im Laufe der Evolution entwickelt, z.B. die Nahrungs- und
Brutbiotope der Vögel. Formen, wie der Seeadler, brauchen bis zu 10.000 ha
große Lebensräume, große Seen und große Altholzbestände von Buchen, die
möglichst ungestört liegen müssen. Dazwischen sollen oder müssen dann
zum Teil Kilometerstrecken sein, aber trotzdem müssen sie irgendwie miteinander räumlich im Kontakt stehen, nicht daß z.B. 40 km überwunden
werden müssen zwischen Brutnest und einem adäquaten Nahrungsangebot.

Ekotone - die weichen Grenzen

Die Naturorganisation ist von in der Regel weichen Grenzen ausgegangen.
Die sogenannten Ekotone, die Übergangsgrenzen von einem Lebensraum zum
anderen, sind durch eine Folge von weichen, also nicht immer unmittelbar
ökologisch sehr kraß, Übergängen gekennzeichnet. Das, was der Mensch
aus diesem Bereich gemacht hat, entspricht der Tendenz, wie er baut und
seine Räume gestaltet. Alle Formen sind geometrisch und mit harten
Grenzen, der Raum I mit der Funktion sowieso, der Raum II mit der
Funktion sowieso. In der Regel entsprechen sie heute in ihrer quadra-
tischen, rechteckigen Grundstruktur dem Prinzip der Rentabilität des
Bauens. Die Natur kennt die Kreisform, kennt die Abrundung, kennt die

Übergänge ineinander, nicht aber die harten Grenzen.
Ein Musterbeispiel ist das was der Küstenschutz, die Technisierung mit dem Aufheben der Buchten an der Nordsee macht. Er sagt,
wenn er die Deichlänge an Stelle von zum Beispiel 400 km Nordsee-
küste in Schleswig-Holstein, auf 290 km verkürzt, dann hat er weniger
Pflege. Er denkt nicht daran, daß der Buchteneffekt, dieses Verzahnen
von Landschaft, dieses Weichmachen von Grenzen im Grunde genommen für
den biologischen Abbau von Schadstoffen in der Nordsee entscheidend
sein kann für die Zukunft. Denn das Übereinanderlappen ist nicht das
harte Aneinandergrenzen an Deichen. Die Überschwemmungsmöglichkeit
ist eine biologische Notwendigkeit für das Reinigen umfangreicher
Mengen Nordseewassers, dasselbe ist bei den Flüßen natürlich genauso
der Fall.

Hier hängen an dem weichen Verbundkonzept eine Fülle von Funktionen
von Ökosystemen, von denen auch der Mensch abhängig ist, nicht nur die
Natur. Das wurde bisher weitgehend - die Politik in ihren Entscheidungen, aber auch viele Verwaltungsbereiche, und oft auch Wissenschaftler - verkannt.

Vernetzung in einem Ökosystem

Wenn Ökosysteme geschützt werden sollen - und alles, was man neben Artenschutz tut, ist ja Ökosystemschutz -, dann darf man nicht aus dem
Auge verlieren, daß der Ökosystemschutz nicht das Ziel, sondern nur
eine Strategie ist. Prof. Heydemann geht in seinem Denkbeispiel von
einem pflanzenleeren Lebensraum aus, zum Beispiel einer Kiesgruben-
steilwand, dem vegetationsfreien Flußuferbereich oder dem unbewachse-
nen Wattbereich unterhalb der Mitteltide-Hochwasserlinie. Es sind
Räume, frei von äußerlich erkennbaren Arten, aber sicher nicht frei
von Mikroorganismen.Diese mehr oder weniger leeren Räume werden ge-
füllt von Organismen, denen sie als Lebensraum dienen. Darauf wächst
dann beispielsweise eine Form von Vegetation, zum Beispiel Wald, und
in dem Moment sagt man das ist ein Waldbiotop. In ihm leben noch
andere Organismen, die nun die Pflanzen z.T. als Hartstrukturen
nutzen. Es ist ihnen dabei egal, ob es Buchen oder Eichen sind, deren
Stämme sie als Bruthöhle nutzen. Es handelt sich hier also nur um
Hartstrukturen, die man notfalls auch durch Bretter, d.h. durch Nist-
höhlen, ersetzen kann, in bestimmten Bereichen jedenfalls.
Viele Funktionen sind unersetzbar. Also nur Teilfunktionen kann man
durch künstlichen Eingriff ersetzen, aber nicht die Multifunktionen wie
z.B. ein bißchen faule Rinde, fünf Jahre alte Flechten darauf, ein
bißchen Bohrgänge von Insekten, die nun fünf Jahre sich zurückgezogen
haben, worin dann Wespen oder Wildbienen brüten. Dies alles sind Multifunktionen, die man fast nie durch künstlichen Ersatz in eine solche
Struktur hineinbekommt. Die Strukturen, die angeboten werden, sind
nur Teilsysteme, die entscheidende Voraussetzungen für eine normale
und typische Vielfalt von Arten nur in einem bestimmten Bereich darstellen. Das Nebeneinander von vielen Arten eines Lebensraums ist
von der Natur so nicht organisiert. In den primitivsten, d.h. ur-
sprünglichsten Lebensgemeinschaften sind die Arten durch Verbindungen
zueinander, innerhalb der Art und zwischen den Arten, zu einem Komplex,
zu einem Vernetzungssystem, das ganz vielschichtig ist, in Zusammenhang
gebracht.Man sagt ja auch noch deutlicher, als es das Wort Ökosystem

ausdrückt, Biozönotischer Konnex, "Zönos" = die Gesellschaft,
"Bios"= also Lebensgesellschaft, "Konnex" sagt das noch einmal
deutlicher: Verbindungssystem von einer Gesellschaft und ihren
Individuen untereinander.

Vernetzung zwischen verschiedenen Ökosystem-Typen

Man kann eine Intra-Vernetzung, also die Vernetzung innerhalb eines
Ökosystems, und eine Vernetzung, die über Ökosysteme hinwegläuft,
wie z.B. von Wald zur Wiese, vom Acker zur Wiese und vom Knick in
den Wald, unterscheiden. Es sind also zwei Ökosystemtypen durch
Artenaustausch miteinander vernetzt. So gibt es Arten, die im Walde
als Larve leben und als Schmetterling dann die Blüten am Feldsaum
brauchen, weil im Wald nicht genügend Blüten sind. Die Falter sind
darauf eingestellt, daß es so ist und daß sie den Waldrand erreichen
können, wenn sie ausgeschlüpft sind. Sie brauchen unbedingt den
Wiesenbereich, oder, wenn der Wald riesenhaft ist, würden sie die
Waldwiese benötigen, weil sie sonst niemals herausfinden für den not-
wenigen Blütenbesuch in ihrem Leben. Da muß der Wald als solcher auf-
gelockert sein.
Man sieht damit, daß die Doppel-Biotopansprüche weit verbreitet sind
und muß davon ausgehen, daß Ökosysteme miteinander im Artenaustausch
stehen. Aber natürlich ist es entscheidend, daß Doppel-Biotopansprüche, auch innerhalb eines Ökosystems, also die Arten in einem
Ökosystem, das sogenannte Gleichgewicht durch die Vernetzung bewirken,
was das auch immer ist. Dieses Gleichgewicht vereinfacht umschrieben,
ist z.B. das um einen bestimmten Mittelwert Herumpendeln von Bevölke-
rungsstrukturen von Arten, das um einen bestimmten Mittelwert Herumpendeln eines Durchflußes von Stoffen in einer Lebensgemeinschaft, also
so viel Holz wird abgebaut pro Jahr, soundsoviel Blätter von Eichen
werden abgebaut, in den Boden gebracht und wieder mineralisiert.
Dieses alles schwankt in Abhängigkeit von Klimaschwankungen und anderen
endogenen Schwankungen mit, aber irgendwie um einen Mittelwert. Dieser
Mittelwert bewegt sich dabei auf ein weiteres Ziel zu, irgendwo, wo
die Lebensgemeinschaften in dieser Region Mittel-Europas stoppen, meist
auf dem Niveau Wald. Man spricht dann von Endstadien in der Entwicklung
von Klimastadien, zu denen sich alles in zwei- bis dreihundert Jahren
eines Tages einmal hin entwickelt. Umgekehrt kann dieses Stadium durch
natürlichen Waldbrand, durch Waldbruch und durch normales Altersterben
wieder in einen offenen Lebensraum zurückverwandelt werden, und hat
dann wieder Jahrzehnte Zeit, eine offene Wiese zu sein oder ein System,
das man z.B. als Magerrasen oder Trocken-Hochstaudenflur bezeichnet.
Dieser Bereich von Wechsel, der über Jahrhunderte geht, geht immer
wieder zurück auf Pionierphasen und bringt das Ganze dazu, daß vielfältige Systeme nebeneinanderstehen. Über Jahrtausende gibt es dann
noch eine Evolution von Ökosystemen, der Wald wird während der Jahrtausende ein anderer werden als er vorher war.

Die Lebensgemeinschaften

Der Zusammenhang in einer Lebensgemeinschaft ist unter sehr vielen Arten
zu organisieren, und dieses in den 130 Ökosystem-Typen, die man im Meer,
im Süßwasser und terrestrisch in Mittel-Europa hat.   Im Meer sind es
etwa 20 bis 25, im Süßwasser auch noch etwa 20 bis 25 und dann schließlich

rund 80 bis 85 terrestrische Ökosystem-Typen. Der Halbtrockenrasen auf
Silikatboden ist ein Beispiel, der Trockenrasen auf Kalkuntergrund ist
ein zweites. In diesem Sinne faßt Prof. Heydemann hier Ökosystem-Typen auf. In
diesen Ökosystem-Typen leben etwa 60.000 tierische und 17.000 pflanzliche Organismenarten (also etwa das 3 1/2fache an tierischen Formen).
Das würde einen Durchschnitt geben von ca. 700 Arten pro Ökosystem.
Dies ist in Wirklichkeit nicht der Fall. Erhebungen zeigen, daß man
im Durchschnitt auf 2000 Arten in Ökosystem-Typen kommt , also in der
Regel die meisten Organismenarten doch wenigstens 2 bis 3 Ökosystem-
Typen besiedeln können. Sie sind damit immer noch eng in ihrer ökologischen Valenz, in ihrer Wertigkeit und Fähigkeit, variable Umwelt-
bedingungen ertragen zu können. Es gibt viele, die besiedeln 10 und
20 terrestrische Lebensräume, manche auch fast alle. Das sind aber
höchstens 0,5 % der Arten. Sie bestehen heute sehr gut, weil sie überall
dem Menschen in diesem Bereich ausweichen können.
Die Minderheit, rund 85 %, ist weitgehend spezialisiert. Wenn man die
Spezialisierung eng faßt, kann man sagen, 50 % können mehr als 3 Ökosysteme besiedeln und 50 % weniger als 3. Genau das ist dann die Zahl von
d en gefährdeten Arten, die enge, relativ enge Spezialisationsketten
haben. Diese Spezialisation beruht fast immer auf ihrem Vernetzungs-
anspruch, z.B. welche parasitische Art braucht welchen Wirt. Der Wirt
braucht im allgemeinen keinen Parasiten, aber er ist eingespannt in
diesen Bereich und wird dadurch in seiner Massenvermehrung oft langfristig so reguliert, daß davon die Natur profitiert. Die Natur, der
Naturhaushalt profitiert in seinem Gleichgewicht von Parasiten, aber
die Wirtsart natürlich in diesem Zusammenhang nicht. Räuber-Beute-
Beziehungen, Beute-Räuber-Beziehungen muß man besser sagen, sind oft
erheblich spezialisiert und werden dann natürlich zu einer Entnetzung
beitragen, wenn plötzlich in einem bestimmten Bereich, wo der Räuber
darauf konzentriert ist, eine Beutetierart fehlt. Beispiele sind eine
Reihe von Käfer , die nur Urinsekten jagen, oder eine Reihe von Greifvögel , die einen ganz bestimmten Beutetyp brauchen oder den jedenfalls
präferieren. Dies sind womöglich nur bodenlebende Hühnervögel und nicht
schnell fliegende, ebenso große Tauben. Diese Form von Spezialisierung
wirkt sich natürlich krass aus, wenn ein Partner entfällt. Wenn eine
Art gefährdet ist, in einem spezialisierten Verhältnis (rund 50 %
sind, einmal grob gesagt, zu diesen höher spezialisierten Arten zu
rechnen), wird in der Regel die andere Art - obwohl nur die eine einen
Gefährdungsprozeß unmittelbar, einen Tötungsprozeß oder Minderungs-
prozeß ihrer Bevölkerungsdichte über sich übergehen lassen muß - die
direkt gar nicht betroffen war, indirekt hiervon berührt und verschwinden.
Ganz krass ist diese Vernetzung von der Natur organisiert zwischen
Pflanze und Tier.
Man kann damit rechnen, daß im Durchschnitt zwischen 10 und 20
Insektenarten in Mitteleuropa an einer Blütenpflanze hängen, und zwar
spezialisiert. Bei Wegfall einer gefährdeten Pflanzenart (wenn man die
Verhältnisse kennt, sogar prophezeibar mit demselben Tag, wo diese
Pflanzenart ausgefallen ist in einer Region), werden damit auch die
von ihr abhängigen Tierarten ausfallen. Das sind die sichersten Prog-
nosemöglichkeiten für den Ausfall im Sinne von Entnetzung:
Rückgängigmachung von Vernetzungsvorgängen dadurch, daß die Basisart,
die Produzenten, getroffen sind und alle anhängenden Konsumenten dabei
automatisch ihre Konsumprozeße einstellen müssen und damit weg sind von
dem Tableau.

Naturschutzkonzepte

Es steht fest, daß die meisten dieser Gefährdungsprozeße umso schlimmer wirken, je basaler sie ansetzen. Wenn also die Blütenpflanzen gefährdet sind, das betont Prof. Heydemann gerade als Zoologe, dann kommen die etwa 35 % in Mittel-Europa auf Pflanzen spezialisierten Tierarten in diesen Gefährdungsprozeß hinein, auch wenn man noch so viele Artenschutzmaß-nahmen für diese macht, wenn sie nicht den Blütenpflanzenschutz mit einbeziehen.

Dieses Beispiel von notwendigen Vernetzungen im Artenhilfsprogramm zeigt die Basis für die erstmal anzusetzende Analyse:
Was kann man mit welchem Artenschutz alles erfassen, oder wenn man einen Schutz der Wirbellosen-Fauna durchführen will, welche Formen von Pflanzen muß man haben?

Da ist die Antwort oft - Prof. Heydemann greift an dieser Stelle einmal etwas vor - eine andere, als die, die bisher gegeben worden ist und will das hier einmal darstellen an einem Beispiel:
Es gibt Pflanzenarten, die in einem Lebensraum trotz Beweidung immer bleiben, ja sogar sich ausbreiten, auch wenn sie keine Blüten ent-wickeln. Sie sind in ihrem Bestand nicht gefährdet, trotz einer be-stimmten Beweidungsform, ja sogar wegen dieser Beweidung. Die Bewei-dung ist also wichtig für diese Arten. Wenn bei dieser Beweidungsform aber selbst bei 0,5 Schafen pro Hektar alle Blütenköpfe bestimmter Pflanzenarten abgefressen werden, da die Schafe spezialisiert sein können auf das Abfressen von Knospen bestimmter Pflanzen, dann sind darin lebende Blütenbewohner, nicht nur die Nektarbesucher lang-fristig als Auszurottende zu bezeichnen; sie werden also nicht ge-halten werden können. Es gibt eine Fülle von Arten, die z.B. in Frucht-knoten leben, die man als echte Blütenbewohner, nicht als Blüten-besucher bezeichnet. Bei Nelken sind es z.B. 10 blütenbewohnende Schmetterlingsarten allein und noch 30 oder 40 Blütenbesucher, die den Nektar holen. Alle sind, wenn die Nelken geköpft werden, von einer Be-weidung im Trockenrasen betroffen.

Damit kommt man selbst bei einem vegetationskundlichen Schutzansatz, der besonders leicht zu vollziehen ist, weil die Vegetationskartierung in der Regel leichter ist, als die Kartierung von Kleinorganismen, dazu, daß man andere Maßstäbe anlegen muß, wenn man wirklich einen öko-systemaren Schutz will. Wenn man dieses Wort also im Mund führt, muß man zunächst wenigstens einmal daran denken, was alles in Gefahr ist, wenn man bestimmte Pflegekonzepte macht.

In der Regel kann eine Artengruppe für sich nicht den vollen Schutz beanspruchen, wenn dadurch eine Fülle von Fehlern gegenüber dem Schutz Anderer gemacht werden ja sogar die Gefährdungsgrade erhöht werden können, im Verhältnis zur bisherigen Einwirkung. Noch deutlicher wird dieses, wenn man sagt, nach der Blüte beispielsweise kann man dann ja mähen an den Straßenrändern und in Wirklichkeit die ganzen Samenstände abnimmt; das kann für die Pflanzen ungefährlich sein, wenn sich vegetativ vermehren und die Samenvermehrung nur hin und wieder einmal brauchen, oder es für die Pflanzen genug ist, wenn 10 % Samenstände da sind. Für viele samen- und fruchtknotenbewohnende Tierarten, aber auch für samen-fressende Vogelarten ist dieses ein außerordentliches Hemmnis für die Verbreitung. Damit würde der Artenschutz in dem Bereich, wenn er nicht berücksichtigt, daß Mahd so lange nicht stattfindet, bis die Samen aus-gefallen sind, überhaupt keinen öko-systemaren Ansatz bedeuten.

Diese Beispiele sind also Zusammenhänge, die auf einer Vernetzung in der Natur auf der Basis von Naturstrategien beruhen. Prof. Heydemann erwähnt noch ein paar andere zu berücksichtigende Strategien, die als Basis von Pflegekonzepten, Schutzkonzepten, Entwicklungskonzepten, also Renaturierungs- und Regenerationskonzepten dienen müssen. Dazu gehört das Prinzip der historischen Bindung in der Natur. Die Natur hat in der Regel nicht, wozu die menschliche Gesellschaft heute oft aufgerufen wird, die Mobilität als Ziel. Selbst im Wanderverhalten der Tiere sind wenigstens doch immer zwei Heimatbereiche da, ein bestimmter Winterbereich oder Sommerbereich, oder ein Nahrungsbiotopbereich, oder ein Brutbiotopbereich, was auch immer. Auch bekannte Strecken sind vorhanden, aber nicht die Mobilität in dem Sinne, man sucht sich überall wieder einen neuen Lebensraum, der völlig anders ist. Dieses Verhalten, zu dem man die menschliche Gesellschaft aufruft, soll bewirken, daß man sich in einem völlig anderen Umfeld permanent durch beständen Berufswechsel zurechtfindet, dieses kann man, wenn man das auch bejahen sollte, nicht übertragen auf die Natur.
Diese hat in der Regel ihre größten Chancen, wenn sie am Ort verbleiben darf, d.h. man müßte dort renaturieren, wo bestimmte Lebensgemeinschaften ursprünglich schon vorkamen. Man kann nicht eine Versetzung machen bei Überbauung oder Straßenbaumaßnahmen, indem man sagt, man verpflanze dieses System einige Kilometer weiter, und dann mache man es neu. Dieses Neumachen gelingt in einigen Fällen. Feucht- und Naßbiotope sind dafür ein beliebtes Beispiel, besonders wenn sie klein sind und austrocknen dürfen. Aber in der Regel sind die Mehrheit dieser Lebensräume erst dann, wenn sie 30, 50, 100 und 200 Jahre an denselben Standorten waren, wirklich von einer Anzahl von spezialisierten Arten besiedelt, mit deren Existenz man immer die Lebensräume begründet. Es hat also keinen Sinn, wenn man den Schutz mit soundsoviel Arten, die als gefährdet auf der Roten Liste stehen, begründet und nachher im Pflegekonzept und dem späteren Nachweis, was dann kommt, mit lauter häufigen Arten operiert. Man muß also dann mit denselben Arten, mit denen man den Schutz, die Gefährdung und das Schutzbedürfnis untermauert, die Effizienz begründen. Eine Effizienz- und Begleitforschung bei einer Pflege, Schutzmaßnahme und Entwicklungsmaßnahme, muß sich dabei auf dieselben Indikatoren beziehen. Dabei muß einiges berücksichtigt werden.
Eine wesentliche Position in dem Zusammenhang hat das Berücksichtigen von sog. typischen Häufigkeitswerten und typischen Seltensheitswerten. Man muß, bevor man versucht , Veränderungen der Häufigkeitswerte vorzunehmen, sich im klaren darüber sein, welche Arten schon immer von Natur aus selten waren. Es gibt eine große Anzahl von Tierformen, die nie häufig sein können, weil sie von sich aus Reviergrenzen haben. Man kennt das von Greifvögeln, die von Natur aus eine bestimmte Dichte nicht überschreiten, wenn nicht negative Entwicklungen erfolgen. Denn Greifvögel können zu dicht siedeln, wenn man durch maximale Fütterungsmaßnahmen u.ä. wie das beim Wild zum Teil ja der Fall ist, eine zu starke Dichte erzeugt, die dann neue Probleme bewirkt. Als solches muß die Dichte kein Problem sein, aber sie kann andere Probleme nach sich ziehen.

Dies ist   aus allen möglichen Bereichen bekannt. Wichtig ist auch
in dem Zusammenhang, daß dabei nicht bewußt neue Häufigkeiten erfolgen,
man sich also damit gewissermaßen brüstet, daß bestimmte räuberische
Tierarten in einer für diesen Lebensraum unnormalen Fülle vorhanden
sind, wie es z.B. bei Nicht-Wirbeltieren oft der Fall ist. Das Ziel muß
vielmehr in der Definition der typischen Häufigkeit liegen.
Man hat   genug Aufgaben darin, die durch den Menschen selten gemachten
Arten, die früher häufig waren, wieder in den alten Häufigkeitszustand
zu bringen. Das Problem dabei ist die Definition der typischen
Dominanzwerte. Dafür benötigt man eben eine Vorsorgeforschung,
eine Begleitforschung, die auch die Naturlandstiftung, dadurch, daß sie
mit Behörden, mit dem Staat zusammenarbeitet, aber auch durch Aufbau
neuer Stellen in diesem Bereich, leisten kann. Man braucht   keine
Stellen, welche in der ökologischen Grundlagenforschung verharren, sondern Stellen, die eine typische Naturschutzforschung betreiben. Das ist
eine Forschung, deren Ergebnisse in annehmbarer Zeit übernehmbar sind,
in eine Naturschutzpraxis.
Das ist eine ganz entscheidende Zuarbeit, die hier die Wissenschaft
leisten muß, die sie leider oft - und das ist eine Selbstkritik-
nicht leistet, weil sie die Themenstellung nicht danach ausrichtet,
wie sie in der Praxis benötigt wird. Die Konsequenz aber ist auch, daß
man bereit ist, neben der Vorsorgeforschung - die Empfehlung für Naturschutzmaßnahmen gibt - und der Begleitforschung,- die immer überprüft,
damit nicht zu viele Fehler sich erst etablieren, die man dann nicht
rückgängig macht - auch noch eine Resultatforschung zuläßt. Also hinter-
her, nach 5 oder 8 Jahren läßt man sich von einem unabhängigen Gremium
sagen, was da noch fehlt und was so in Ordnung ist. Man bittet entweder
direkt um diese Kritik, oder hält sie sich, in Form von Stellen, im
eigenen Bereich.
Reine Artenlisten, nur um damit gewissermaßen Häufigkeitszahlen zu begründen, die natürlich auch von der Öffentlichkeit, von Medien, von der
Presse, die nicht gleichzeitig die Hintergründe erfragen können, noch
übernommen werden, dienen nicht dem wirklichen Anliegen des Artenschutzes.
Dies ist dann ein Selbsteffekt, den Naturschutzverbände gelegentlich
machen, weil sie die Bestätigung brauchen, wie erfolgreich dieser Bereich
ist. In Wirklichkeit gibt es dann ebenso unobjektive Berichterstattungen
über die eigenen Ergebnisse, wie sie die Wirtschaft oder der Verkehr
liefert, um zu belegen, daß ihre Ersatz- und Ausgleichsmaßnahmen zug-
kräftig sind.
Diese Art von Selbstkritik muß man   also unbedingt einbauen, damit
die Glaubwürdigkeit erhalten bleibt und das ist insbesondere beim Arten-
zählen der Fall.
Die typische Häufigkeit zu erhalten und im typischen historischen Verbund
zu bleiben, dieses wichtige Kriterium würde man dadurch ergänzt werden
müssen, daß die typische Aufbau eines Lebensraums erhalten bleibt.
Zum Beispiel muß die vertikale Zonierung in den Wäldern, also neben der
Moos- und Krautschicht wieder die verschiedenen Jungwuchs- und Strauch-
schichten und der Altersaufbau in Erscheinung treten. Danach ist die
Qualität für den Naturhaushalt eines Waldes zu bemessen und nicht nach
dem fortwirtschaftlichen Wert.
Wenn man sich also hier darauf verständigt, daß man Naturschutz mit
Landwirtschaft und mit Forstwirtschaft macht, heißt das natürlich nicht,
daß der Naturschutz seine Ziele aufgeben muß. Es heißt vielmehr, daß der
Naturschutz zunächst, so wie Prof. Heydemann das eben an vielen Stellen
definiert hat, seine Ziele verdeutlicht, und von dort aus an einigen Stellen,

wo das unabwendbar ist, weil die wirtschaftlichen Verhältnisse anders
liegen, oder weil der Grundbesitz anders organisiert ist, oder weil
momentan so schnell neue Finanzen für Umpachten, Abpachten und Neuan-
kauf nicht zur Verfügung stehen, sich vorübergehend anpassen muß.
Das geht immer nur mit dem berühmten Kompromiß. Aber dieser Kompromiß
muß unbedingt hinterfragt werden. Es ist ein gänzlich anderer Kompromiß,
wenn man die Naturschutzziele definiert hat, als der normale demokratische
Kompromiß. Der normale demokratische Kompromiß kann abzählen im Ver-
handlungsprojekt, z.B. "ich gebe dir gewissermaßen oder ich möchte gerne,
daß meine 150 seltenen Arten eines Lebensraums erhalten werden, dadurch,
daß die Größe bleibt, dadurch daß, wenn der Lebensraum hier nicht bleibt,
er woanders mindestens in derselben Größe neu angelegt wird" oder anders
gesagt "ich kann dir ja nur die Hälfte geben, nämlich so viel Lebensraum,
daß für 75 Arten etwas übrig ist" und man einigt sich dann auf die Hälfte
zwischen Angebot 75 und 150 und geht dann auf 110 oder 115 Arten mit der
entsprechenden Flächengröße. Das ist ein arithmetischer Kompromiß, der
in der Demokratie üblich ist, wo man Stimmen auszählt. Aber er hat mit
einem Naturschutzkompromiß nichts zu tun. Es kann nämlich gerade sein,
daß genau dieses zu wenig ist, nur vorübergehend diese 75 Arten dann
erhaltbar sind und dann dauerhaft zurückgehen. Hier muß man also als
Minimalangebot dann sehen, was dauerhaft einen bestimmten Lebensraum erhält, das ist in der Regel nicht die arithmetische Mitte, etwa als Beispiel die Ackerrandstreifen-Bereiche, wo man gerne 20 m haben möchte und
2 m geboten werden und dann 11 m dabei herauskommen. Diese Art von Arith-
metik sollte man nicht mitmachen, weil sie ökonomische Kriterien einbaut,
in Naturschutzziele und ihre Strategien. Der wirkliche Kompromiß kann
eigentlich nur sein, daß man versucht, alle eigenen Kräfte der Überzeugung
aufzubringen und da, wo die Überzeugung zu Ende ist, und das eigene Geld
zu Ende ist, gewissermaßen zugreift. Aber das ist natürlich nicht immer
und unbedingt ein Kompromiß in diesem Sinne, sondern das ist einfach mit
einem minimalen herausholbaren Angebot auskommen lernen und daraus das
Beste machen für den Naturschutz. Ein Kompromiß muß es nicht sein,
ein Kompromiß ist es aber, wo man freiwillig zugesteht, daß dieses schon
eine erhebliche Ziel- und Strategieerweiterung ist. Also nicht in jedem
Fall ist das, was man herausholen kann, für den Naturschutz dieses,
was man als Kompromiß bezeichnen kann. Es ist unter Umständen das Aus-
kommenmüssen mit einem minimalen Angebot, damit man nicht grundsätzlich
alles verneinen muß, was da ist und sich selber gar nicht mehr animieren
kann, weiterzumachen.

Es ist noch einiges zu sagen zu dem Ansatz von Verbundsystemen, die neu aufge-
baut werden sollen. Wichtig dabei ist, daß man nicht, um hier ein paar
vielleicht nicht immer ganz richtig gebrauchte Vokabeln zu verwenden, zu
sehr oft von Trittsteinen spricht, die man anlegt. Natürlich ist es
richtig, daß die 7,5 % schutzwürdigen Biotope in Hessen in einigen
tausend schutzwürdigen einzelnen Flecken verteilt sind, mögen in Hessen
beispielsweise   die Zahl 15.000 sein. Dann sind es 15.000
Flecken von Durchschnittsgrößen, die sicherlich weitgehend zwischen 4 und
10 ha liegen, also im großen Teil nur Naturdenkmalsgröße haben, die man
meist mit 5 ha und weniger ansetzt. Solche Areale liegen fast grundsätzlich unter dem Minimalanspruch von Ökosystemen.
Dies ist nicht so, wenn man von Arten ausgeht. Es gibt viele Arten, die
mit 5 ha gut zurecht kommen, aber ein Ökosystem Magerrasen kann nur in
wenigen Fällen mehr als 20 % typischer Arten auf 5 ha vorweisen. Es muß zumeist

50 oder 80 ha haben, um die 50 % der typischen Arten zu erreichen, die
Heydemann als Minimum ansetzt. Wenn das Minimal-Areal erfüllt sein soll,
müssen also 50 % der typischen Artenausstattung in diesem Bereich leben.

Aber man kann davon ausgehen, daß die Natur schon weitgehend zerstört ist
durch fremdartige Nutzung, 54 % Landwirtschaft in der Bundesrepublik, 30 %
Forst, 10 % Besiedlung, 3 bis 4 % Straßen, da bleiben nur 3,5 % übrig.
In diesen 3,5 % halten sich wahrscheinlich noch die Reste von 77.000 Arten
auf; plus der 4 % der noch schutzwürdigen Biotope, in dem auch noch ein
Teil vorkommt, obwohl sie im Moment zu verfallen drohen. Aber das Ganze ist
natürlich kein Rückzugsphänomen.
Im Gegensatz zu ein paar Säugetieren und ein paar Vögeln, die sich gedrängt,
verdichtet, zur Brutzeit irgendwo aufhalten können, wo man dann von Rückzugsgebieten spricht, sind doch die meisten Organismenarten nicht in der
Lage, Pflanzen überhaupt nicht, sich zu verdichten. Man kann daher bei
allen anderen Arten, mit Ausnahme noch von größeren Tierarten, die Deckungs-
zonen haben müssen, nicht von Rückzugsgebieten sprechen. Diese Arten haben
eine solche Entflechtung der vielen Funktionen eben gar nicht und können
das auch nicht hinnehmen.
Damit stellt sich die Aufgabe, zu überlegen, wie man diese 15.000
Flecken in Hessen und die rund 150.000 Flecken in der Bundesrepublik, in
welche diese schutzwürdigen Biotope verteilt sind, wieder zu dem, was die
Natur als Verbundstrategie immer schon hatte, zusammenbekommt. Man kann
viel rechnen und braucht an sich 30 % der Fläche der Bundesrepublik zurück,
wenn man wirklich einen vollen Kontakt wieder herstellen wollte, von allen
Biotoptypen, die zusammengehören; also die Waldtypen, die auseinander hervor-
gegangen sind, zusammen mit Hecken, die Flachmoore zusammen mit Sumpfgräben,
die Areale eines Schwimmpflanzengürtels zu verbinden mit einem Röhricht-
gürtel und diesen mit einer feuchten Hochstaudenflur und dem wieder einen
Erlenbruchwald im Rücken zu geben, bevor eine genutzte Flur der Landwirtschaft beginnt. Diese Methode, wieder alle Entwicklungsfolgen, die Prof. Heydemann
nannte, in einen Verbund zu bringen, wie sie die Natur immer vollzogen hat,
alle Feuchtigkeitsfolgen von trocken bis feucht, von den trockensten Dünen
bis zu den feuchtesten Tälern und Hochmooren im Küstenbereich der nord-
friesischen und der ostfriesischen Inseln, oder in den Höhenlagen die
einzelnen Trockenrasen auf den Kuppen in Zusammenhang mit den Tiefen wieder
in allen Übergangszonen miteinander in Verbindung zu bekommen, dazu bedarf
es dieses großen Flächenansatzes.
Wenn man dann trotzdem für die Bundesrepublik sagt, man will
erst mal 10 % Vorranggebiete für den Naturschutz, heißt das, daß da alle
ökonomischen Gesichtspunkte erstmal zurückstehen, obwohl sie nachträglich,
wenn sie den Naturschutz nicht stören, auch wieder integriert werden
können. Es ist also nur soviel Landwirtschaft zuzulassen, wie sie für ein
bestimmtes Schutzziel wichtig und sinnvoll ist. Da kommt uns die agrar-
politische Entwicklung deutlich entgegen. Wenn man also die Überproduktion
dämmen will, , und z.T. 20 bis 30 % Überproduktion hat, könnten ja sogar
20 bis 30 % der Flächen aus der landwirtschaftlichen Produktion herausgenommen werden. Oder es müßten 20 bis 30 % im gesamten Raum extensiviert
werden. Das kann man aber vielfach von der Produktion her nicht schaffen.
Die Extensivierung könnte in Teilgebieten 50, 60 oder 70 % betragen, auf
geeigneten Flächen, wo man die Konzepte landwirtschaftlicher Nutzung
namentlich im Grünland, z.B. auch im Acker schon kennt. Diese Form von Ex-
tensivierungsstrategie heißt, weniger produzieren, oder zwar intensiv produzieren, aber umweltverträglich, was es ja gibt. Die alternativ-ökologischen
Betriebe müssen doch so intensiv wie möglich produzieren, damit sie leben

können. Sie müssen doch z.B. alles abweiden, was nachwächst, d.h. sehr
intensiv, bloß es wächst nicht so viel nach, es wächst deswegen nicht so
viel nach in diesen Betrieben, weil sie weniger düngen. Da hilft sich
dann die Natur unter diesen Bedingungen, daß der Produktionsaufwand nied-
riger gehalten wird, aber alles, was produziert, auch abgeweidet wird.
Für die Nicht-Nutztiere bleibt im Endeffekt ebensowenig übrig. Nur sind
z.T. andere Pflanzen beteiligt und das hat wieder bei den übrig gebliebenen
Vegetationsbereichen eine förderliche Wirkung.
Man darf also nicht Exten-
sivierung mit alternativ-ökologisch gleichsetzen, sondern man trachtet im
Moment danach, die intensiv bearbeiteten 54 % der Fläche der Bundesrepublik
in einen weniger produzierenden Zustand versetzen zu wollen, und verringert
die Hilfsmittel, die bisher den Artenverlust bewirkt haben. Also nicht etwa
vordergründig nur Mineraldünger zurücknehmen, denn der hat den größten Artenverlust nicht bewirkt. Er hat zwar die Nitrate ins Grundwasser gebracht,
und hat im Eutrophierungsprozeß der Gewässer die Arten ausgeschaltet, aber
nicht im Boden selber, an den Standorten. Dafür haben die Pestizide, vor
allem die Herbizide, die größten Verluste angerichtet, weil sie die Begleitflora vernichtet haben und die meiste Begleitfauna in den Äckern an der
Flora sitzt. Darum verursachen die Herbizide die größten Schäden bei der
Fauna!
Dies sind die komplizierten Gänge von Vernetzung, die man einfach mit-
denken muß, auch wenn man das nicht will. Wenn man sagt, ich brauche das
Einfache, kann man keine Pflegekonzepte erstellen. Man kann die Konzepte
nicht vereinfachen, die die Natur komplizierter gemacht hat. Man muß sie
einfach kennen, sonst kann man den Prozeß nicht umbauen, nicht rückbauen.
Man kann nicht den Rückbau landwirtschaftlicher Kultur planen im Sinne von
Extensivierung, wenn man diese Zusammenhänge nicht im Griff hat.

Das würde, auf ein Verbundkonzept mit landwirtschaftlichen Flächen bezogen,
bedeuten, daß man größere Flächen des Grünlandes, die für Milchproduktion
nicht mehr so in Frage kommen, entweder ganz rausnimmt und jahrelang
wachsen läßt, ohne Mahd, und andere wieder mäht, weil man aus Gründen
ornithologischer Bevorzugung einmal gemähte Biotope zu bestimmten Jahreszeiten braucht. Extensivierungsprogramme sind ja auch z.B. in Schleswig-
Holstein und anderswo so vorgeschlagen. Andere Bereiche werden dann eben
nur einmal im Herbst gemäht, bestimmte läßt man auch verbuschen. Denn im
Gegensatz zu dem, was man als Gefahr manchmal seitens des Naturschutzes
bezeichnet, sind einige tausend gefährdete Arten typisch auf Verbuschungs-
zonen angewiesen.

Das heißt mit anderen Worten:
Natur hat also nebeneinander ein Riesenmosaik und das geht nur durch viele
Strategien und durch viele, wenn Pflege überhaupt notwendig ist, ganz unter-
schiedliche Pflegemaßnahmen. Pflegemaßnahmen, beispielsweise für Wiesen, daß
man einmal Ende Juni mäht, einmal aber auch Ende Juli, einmal Ende September,
wenn nichts mehr blüht, und einmal im nächsten Jahr, wenn alle Samen über
Winter ausgefallen sind und andere eben alle fünf Jahre. Das wären schon
fünf Pflegeprogramme nur nach Mahd nebeneinander.
Diese Art hat die Natur oft gehabt, denn sie hat bei Spätüberschwemmung
gewissermaßen die Mahd im Flußuferbereich mit dem spätüberschwemmten Holz
als Rasur vollzogen. Sie hat bei Sommerüberschwemmung gewissermaßen die
Blüten alle einmal gekappt, bei Sommerhochwasser, wenn sie in der Flur waren
und sie hat bei Herbstfluten vielfach gekappt, dann aber war bereits alles

verblüht. Gelegentlich, und relativ häufig, sind sogar einige Areale gut
über den Winter gekommen, nie überschwemmt worden, und dann sind alle
hochgegangenen Stengel von Blütenständen, mit Hohlräumen in den Stengeln
als Überwinterungsquartier für Tiere, über den ganzen Winter gekommen,
ohne jeden mechanischen Eingriff. Auch dieses Nebeneinander von vielen,
vielen Zufällen, dieses immer rhytmische oder episodische, d.h. unrhyt-
mische Wiederholen, müssen wir in Pflegekonzept umsetzen, sonst erzeugt man
erneute Monotonie auf anderem Level!

Man sieht daran, welchen biologischen Hintergrund man braucht und wie wichtig
es ist, für Biologen und Landschaftspfleger und andere, Stellen zu schaffen,
die sich darauf spezialisieren, diese Programme zu machen.
Es ist wichtig, die Behörden, die bisher nicht so damit befaßt waren, mit
Fortbildungslehrgängen dazu zu bewegen oder neue Fachkräfte einzustellen
und permanent in diesem Bereich zu schulen.
Sonst werden sich alle momentan auf diese Landwirtschaft stürzen, mit dem
vereinfachten Konzept, und dazu gehört z.T. auch das Ackerrandstreifen-
Programm, und zwar insofern, als es von der Vegetationskunde sicher in
Richtung Vegetationskunde, nämlich primär Blütenpflanzen, entwickelt worden
ist. In dem Moment, wo man sich damit vertraut macht, daß Tiere mobil
und nicht sitzen auf 2, 3, 5 oder 6 m breiten Streifen, sondern z.T. für die
Wanderung 20 bis 30 m mindestens brauchen, nämliche halbe Feldbreite, muß
man weite Flächen von Feldern dazu geben, wenn man das öko-sytemare Schutz-
konzept für den Ackerbereich will. Dann gibt es verschiedene Ansätze. Auf
Sandboden kann man natürlich eine Ernte noch einbringen, wenn man nicht mit
Herbiziden gearbeitet hat, auf nährstoffreichem Boden natürlich ein nicht-
herbizid-behandeltes Feld, was nicht mechanisch gegen die Begleitflora,
sprich Unkraut, bearbeitet wurde, nicht mehr abernten. In der Regel über-
wächst bei nährstoffreichem Boden die Begleitflora die Kulturfrucht. Dann
wäre es aber kein Acker mehr. Um diesen Aspekt aber wieder einzubauen, kann
man die Brache in die Kulturfolge einführen.
Alles das muß natürlich bezahlt werden, weil es einen Verlust für den Landwirt bringt. Es kann aber auch, zumindest erstmal, auf Domänen durchgeführt
werden und es kommt dann sicher dazu, daß Millionen, die bisher nach Brüssel
flossen, in dem Bereich der Renaturierung der Landwirtschaft unmittelbarer
in die Kassen, zunächst auch einmal des Landwirts, aber auch des Naturschutzes,
der dabei tätig ist und berät, fließen muß. Es sind also gar keine neuen
Gelder, die die Gesellschaft aufzubringen hat, sondern nur die Gelder, die
verhindern, daß überproduziertes, subventioniertes Getreide nicht wegge-
schüttet wird und statt dessen Naturschutz nicht betrieben werden kann. In
diesem Zusammenhang wäre es aber wichtig, nicht nur die Anpachtung, sondern
möglichst auch den Ankauf anzustreben. Es gibt im Bereich der Landwirtschaft
durchaus Interesse daran, nur kurzzeitige Verträge zu machen, um damit
jederzeit wieder, wenn die ökonomischen Verhältnisse anders sind, eine Rück-
nahme dieser ganzen Renaturierungsbereiche vorzunehmen. Es ist ja legitim,
als Wirtschaftler, das zu tun, nur ist es für den Naturschutz kein legitimes
Ziel!
Hier begegnen sich die Ziele. Hier muß es klar sein, daß möglichst diese
10 % aus dem landwirtschaftlichen Raum übernommen werden, die langfristig,
jahrzehntelang der Natur zurückgegeben werden müssen. Denn sie braucht leider
so lange für ihre Rückentwicklung. Ihr nützt es nichts, wenn man ihr für
fünf Jahre etwas zurück gibt.
Alle diese Begleituntersuchungen, die Prof. Heydemann zu diesem Problem im Bereich
der Ackerbrache und im Bereich der Grünlandbrache gemacht hat, zeigen, daß die

Natur fast immer 10 Jahre und mehr braucht, ehe sie überhaupt wieder die
Erwartung erfüllen kann, im Bezug auf Rückführung der vorher als selten
festgestellten Arten zu normalen Häufigkeitsgraden. Und daraus, aus dieser
Akzeptanz, von diesen Naturstrategien oder der Unfähigkeit von Natur, bestimmtes so schnell zu vollziehen, wie der Mensch will, muß die Lang-
samkeit und damit unsere Langjährigkeit unserer Konzepte manifestieren. Das
geht aber in der Regel, wenn man langfristig etwas mit einem anderen Ver-
tragspartner machen will, nur durch Kaufvertrag oder langjährigen Pachtvertrag, der unabänderbar ist an dieser Stelle.
Wenn es dann zusätzlich, weil das alles ein freiwilliges Prinzip ist,
auch diejenigen gibt, die gleich sagen, ich mache das nur für fünf Jahre,
nur muß das Konzept dafür anders sein. Das sind mehrfache Brachen, neue
Kulturfolgen, Verminderung der Extensität, aber nicht Herausnehmen aus der
Nutzung. Das ist klar in diesem Bereich und dann darf man sich nicht zu
viele Erfolge an dieser Stelle von diesem Bereich versprechen.

Erläuterungen an Beispielen

Vernetzung von Pflanzen und Tieren (Abb. 1)

Für die Darstellung wurden Schmetterlingsarten genommen und Baum- und Straucharten.
Die Pflanzenarten stehen in den Kästchen, dazwischen sind Linien gezeichnet.
Die Linien entsprechen den Arten, die austauschbar sind. Die 8 Linien
zwischen Weide und Pappel bedeuten, daß 8 Arten das Maximum ist, in der
Gruppe der Eulenfalter, die hier leben, um einen Austausch zu bewirken
zwischen beiden Bereichen. Das würde also heißen, daß 28 Eulenfalter-
Arten an Weiden leben in Mittel-Europa und von diesen 28, wenn die Weide
abgeholzt wird, auf noch vorhandene Pappeln 8 übergehen können und daß
1 auf ein Geißblatt übergehen kann, daß 2 Arten auf Birke übergehen
können und 2 auf Erle usw., und man alles zusammenzieht, werden etwa 14
Arten aussterben müssen. Man liest also solche Vernetzungskonzepte dann
umgekehrt als Vorhersagen, wenn man z.B. die Eiche nimmt, so leben daran 24
Eulenfalter. Davon können 2 übergehen auf einen Weißdorn, 1 an Ulme, 1 Art
an Linde und 2 Arten an Rotbuche. Aber bei der Eiche, die eine viel höhere
Spezialisierung von mit ihr vernetzten Tierarten hat, werden dann 14 Eulenfalterarten aussterben, wenn die Eiche herausgenommen wird aus diesem Wald.
Wenn beispielsweise die Blaubeere verschwindet, z.B. durch zu dichte Be-
schattung in einem Wald, wenn also beispielsweise Buche gepflanzt wird,
statt Eichen-Lichtholz, und 2 Eulenfalterarten auf Himbeere oder Brom-
beere übergehen können und 1 auf Weide, dann werden die anderen 10 Arten,
also ein sehr hoher Prozentsatz, absterben.

Vernetzung von verschiedenen Ökosystemtypen

Entsprechend dem vorigen Beispiel kann man auch andere Bereiche darstellen. Auf die Ackerdistel, als Beispiel, sind 73 Insektenarten spezialisiert.
Dies hat also etwas mit der Artenaustauschfähigkeit zu tun. So ist der
durchschnittliche Artenaustausch von Wald zu einer Gebüschzone nicht mehr
als 30 % - richtig in einem Verbund angelegt. Entsprechend ist der max. Prozentsatz von der Gebüschzone zur Hochstaudenflur, von der Hochstaudenflur
zu einem chemisch unbehandelten Feld und von diesem Feld zu einem Extensivierungsstreifen und schließlich von diesem Extensivierungsstreifen zum
Intensivacker. Dies würde bedeuten, daß die Organismenarten des Waldes

Abb. 1

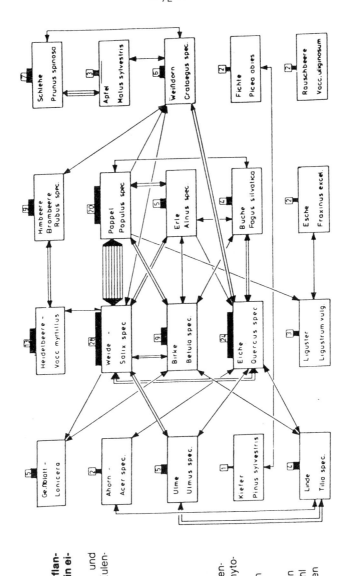

Vernetzung von Pflanzenarten mit Tierarten in einem Waldökosystem
Beispiel: 20 Baum- und Straucharten mit ihren Eulenfalter-Arten.

3 │ Artenzahl pflanzenverzehrender (phytophager) Arten an der jeweiligen Wirtspflanze

Anzahl der Linien entspricht Anzahl der gemeinsamen Arten

praktisch nicht mehr identisch sind mit denen jenseits der Hochstaudenflur.
Fehlen also die Zwischenareale für den Verbund, dann grenzt ein Ökosystem
mit Arten absolut ohne jede Vernetzung an das andere, und der Austausch ist
praktisch rein zufällig. Dieses hat aber nichts mit Verbindung zu tun, sondern die wandern einfach dahin und müssen wieder zurück. Zum Teil haben sie
sich geirrt, dann sterben sie.

Vernetzung innerhalb landwirtschaftlich genutzter Flächen

Wenn man sich einen anderen Komplex des Artenaustausches ansieht, der über
den Verbund gewissermaßen die Vernetzung realisiert, so sieht man, daß im
Getreide-Intensivbereich zu einer Intensivweide mit einem dazwischen liegenden
Knick, begrenzt zu einem Waldrand hin, zwischen diesen beiden Bereichen Intensivweide und Getreide trotz Vermittlung von Knicks nur ein 5 %iger Artenaustausch zustande kommen kann. Mehr sind an dieser Stelle nicht austauschbar,
weil sie sich auseinander entwickelt haben. Die sog. weichen Biotopübergänge
beim Verbundkonzept erreicht man bei einem extensivierten Streifen. Prof.Heydemann
geht da nur mal von einem Streifen aus   in diesem Fall, mit einem Feldrain
vor dem Knick. Feldrain heißt, daß man ihn gar nicht bewirtschaftet, niemals umpflügt. Knicks, Bezeichnungen für Hecken auf einem Wall, sind viel
weniger wirksam, wenn sie nicht einen Feldrandstreifen davor haben, der
meist 2 bis 5 m sein muß. Zwischen einem solchen, dauerhaft aus dem Ackerbereich herausgenommenen Streifen und einer Extensiv-Weide findet immerhin 30 %
Artenaustausch statt. Prof. Heydemann ließ eine ganze Reihe von Untersuchungen
in den letzten Jahren machen, und das sind so die Durchschnittsergebnisse
der Arten der Makrofauna über 5 mm Größe.

Verbund von Biotopen durch Saumbiotope
Beispiel B: Vernetzung von Flachmooren durch Sumpf-gräben mit Anlage von Puffer-zonen und Erhöhung der Punktdichte von Wiesenwei-hern und Wiesentümpeln

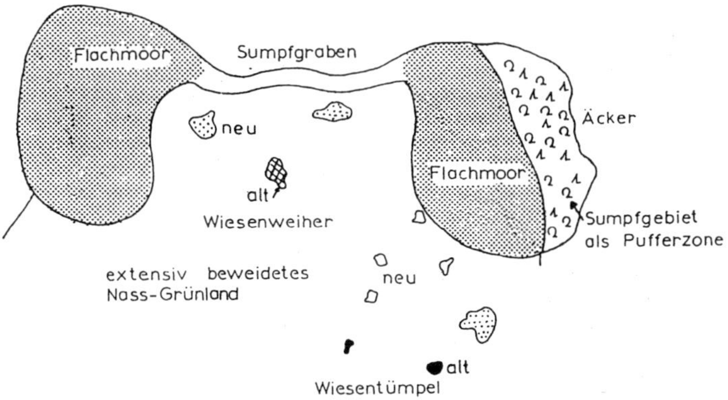

Flachmoor   Sumpfgraben

neu

alt

Wiesenweiher

extensiv beweidetes Nass-Grünland

neu

Äcker

Flachmoor

Sumpfgebiet als Pufferzone

Abb. 2

alt

Wiesentümpel

Beispiel eines Biotopverbunds von Flachmooren durch Saumbiotope (Abb.2)

Die Abbildung zeigt zwei durch eine Verrohrung getrennte Flachmoore. Man
kann   diese durch einen mäandrierenden Sumpfgraben verbinden und dazu einen

extensiven Weidebereich einführen. Dort kann man zusätzlich Wiesentümpel mit einem Abstand von weniger als 300 bis 400 m zum Sumpfgraben
neu schaffen, also die Punktdichte von schutzwürdigen Kleinbiotopen ver-
größern und diesen große Flächenbiotope von z.B. jeweils 100 ha zu-
ordnen. Damit bekommt man eine gewisse Verbindung zwischen isolierten
Flachmooren. Man muß sich aber bewußt sein, daß diese Verbindung nicht
vollständig, sondern nur ein gewisses Heilmittel sein kann.

Beispiel eines Biotopverbundes von Waldsäumen durch Wallhecken (Abb.3)

Das Beispiel geht von 4 Waldkleinbereichen von etwa 20 ha aus. Die
Vernetzung erfolgt durch möglichst 10 m breite Wallhecken mit etwa 5 m
breiten Feldrainen davor. Denn in der Mehrheit erfolgen Wanderungser-
scheinungen in einer Wallhecke nur bei etwa 10 m breiten Streifen, nicht
zu verwechseln mit Flug an einer Wallhecke. Besser ist es noch, den
vollen Verbund von Waldbiotopen auch hier und dort auf Kosten landwirtschaftlicher Fläche zu machen, wenn dazwischen neuer Wald entwickelt wird.
Aus 3 Biotopen à je 20 ha mit einem neuen à 30 ha, entsteht so ein 90 ha
großer Wald, der etwa schon die untere Minimalraumgrenze für einen Öko-
systemtyp des feuchten Laubwaldes erreicht.
Eine andere Möglichkeit wäre, wenn nicht die Möglichkeit gegeben ist,
das Zwischenareal zu erwerben, einen bestimmten Streifen am Walde nicht
wirtschaftlich zu nutzen. Wenn der Streifen 50 bis 100 m tief sein kann
an bestimmten Stellen, und an anderen wieder schmaler mit Wallhecken
hindurch, die auch möglichst lange nicht genutzt werden, viel Altholz
enthalten und nicht immer umgeschlagen werden, könnte man wenigstens
Stege machen, um diese 4 Bereiche miteinander zu verbinden, obwohl dazwischen die landwirtschaftliche Nutzung weiterläuft.

Veränderungen in der Landwirtschaft

Prof. Heydemann und seine Mitarbeiter haben schon im Jahre 1950, 1951 agrar-
ökologisch umfangreich gearbeitet und zwar auf den Universitätsgütern bei Kiel,
mit anderen Gütern, die privat bewirtschaftet waren. Es gibt 35 Jahre alte
Aufnahmen für diesen Bereich, an dem man heute auf den Quadratmeter genau,
ohne daß eine Flurbereinigung gelaufen ist, sehen kann, wie sich das Gebiet
entwickelt hat.

Es waren damals nicht nur normale Randstreifen so ausgestattet mit viel-
seitigen Blütenpflanzen, sondern sie waren tief im Wintergerstefeld oder
im Winterroggenfeld vorhanden. Raps war natürlich schon damals intensiv
angebaut, aber vielfach waren Vorstreifen da, Vorgewände anderer Art, die
weiche Übergänge schaffen, im Gegensatz zu dem, was heute ist. Die Herbizid-
anwendung, die eine völlige Veränderung der Klimabedingungen an der Boden-
oberfläche bewirkt, zusammen mit der völligen Freiheit von Begleitflora,
der Monotonisierung, hat einen Artenverlust gebracht, der zwischen 50 und
25 % liegt in 30 Jahren.
Vor 35 Jahren wurden bestimmte Randbereiche einfach auch einmal liegengelassen oder, was eben besonders zu diesen Ursachen eines damals reicheren
Angebots an Nützlichem in diesem Bereich gehörte, Stroh in Garbenform wurde
nach dem Mähen liegengelassen, ähnlich wie Heu, nur in Garben zusammengefaßt und nicht sofort gepreßt, d.h. die Tiere konnten auswandern. Hier
gibt es eine Fülle von Bewirtschaftsweisen, die möglicherweise noch über-
dacht werden müssen; auch neue mechanische Geräte würden zu entwickeln
sein, anstelle von Herbiziden.

Abb. 3

Beispiele für Verbund und Vernetzung

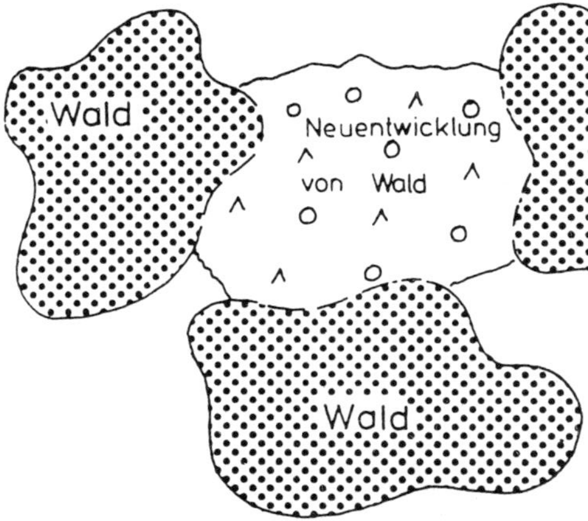

Wald

Neuentwicklung von Wald

Wald

Wald

Wallhecke
Feldrain
Waldsaum

Wald

Wald

Wald

Wald

1. Verbund von Biotopen/Ökosystemen durch flächige Biotope
Beispiel: Verbund von Waldbiotopen durch breitflächige Neuentwicklung von Wald

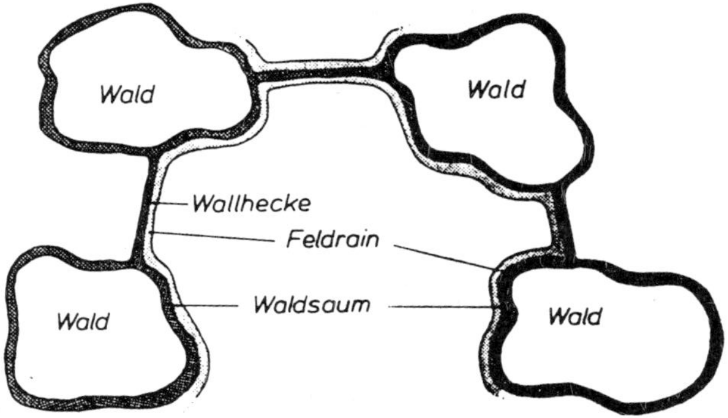

2. Verbund von Biotopen durch Saumbiotope
Beispiel A: Vernetzung von Waldsäumen durch Anlage von Hecken, Knicks oder Gebüschreihen

Die Aufgaben des Naturschutzes - eine Empfehlung

Damit hätte ein solcher Verband, wie die Naturlandstiftung es darstellt, Prof.
Heydemann gibt abschließend diese Empfehlung noch einmal zusammengefaßt,
eine große Reihe von Aufgaben in der Organisation der klaren Formulierung
der Ziele.

Die Areale, die die Landwirtschaft zur Verfügung stellt, und die Areale,
die schutzwürdig   im Rahmen der Biotopkartierung gefunden worden sind,
bilden die Basis. Zusätzlich benötigt man etwa 10 % aus öffentlichem
Waldbesitz, das wären 3 % der Gesamtfläche Hessens. Dieses zusammenge-
nommen mit 7,5 sind 10,5 % Vorranggebiete für den Naturschutz.
Ferner benötigt man die 10 %, die man als nächsten Ansatz aus der Landwirtschaft herausnehmen muß.
10 % der landwirtschaftlichen Flächen sind 5 % der Gesamtfläche, also
zusammen 15 %, müssen oder geben in der nächsten Zeit mit Sicherheit nicht
Vorranggebiete für den Naturschutz ab, aber Gebiete, in denen sich Teile
des Naturschutzes durchsetzen lassen. Damit sind sie hier im Verhältnis zu
Vorranggebieten gewissermaßen eine zweite Priorität, was die Wirkung anbelangt, nicht aber, was die Gleichzeitigkeit anbelangt ihrer Umsetzung.

Und an dritter Stelle würden dann Extensivierungsmaßnahmen stehen im
ganzen übrigen Bereich.
Straßenrandzonen - dafür gibt es ein Konzept von Prof. Heydemann - spielen in diesem
Bereich eine große Rolle. Ferner natürlich Ansätze für den gesamten Ackerbereich, die langsam, mit etwas größerer Umweltverträglichkeit, mit be-
triebswirtschaftlicher Begleitung (zum Teil wohl , auch schon in Hessen
versucht), Landwirten die Möglichkeit gibt, ohne daß sie erneut das Risiko
eingehen, neue Verfahren der Herabsetzung des Chemikalieneinsatzes einzu-
üben. Damit wäre dann die Isolation der landwirtschaftlichen Flächen etwas
gemindert und im Laufe der Zeit kann durch so einen integrierten Ansatz,
an dem viele mitwirken müssen und nicht nur natürlich diejenigen, die
Flächen heranholen, etwas geändert werden.

Selbstkritik scheint Prof. Heydemann aber innerhalb des Naturschutzes und aller
derjenigen, die diesen Namen gerne tragen, ganz entscheidend.
Voran muß die Wissenschaft gehen, die eben, wenn sie ökologisch forscht,
durchaus noch nicht Naturschutzforschung macht. Ökologieforschung ist in
der Grundlagenforschung nicht immer umsetzbar, sie kann auch produktions-
ökologisch verwendet werden, wie etwa in falschen Biotechnologien. Auch
alle Worte, die das Wort "Bio" vorantragen, sind nicht unmittelbar ungefährlich im Bezug auf ihre Zielsetzung, wenn sie Begriffe für Ziele sind,
wie etwa Biotechnologie, oder Biotechnologie in Form nachwachsender Roh-
stoffe. Diese, wenn sie dann intensiv angebaut werden, sind genau dieselbe
Gefahr, wenn sie dann extensiv angebaut werden, mit soundsovielen
Brachfolgen usw. keine Gefahr bedeuten müssen. Es sei denn, sie sind ökonomische Verschwendung, weil sie zu viele Förderungsgroschen haben müssen,
das muß man im Einzelfall sehen.

Derjenige, der   allerdings die Naturschutzstrategien abändert, weil
er persönlich damit Ziele verbindet, - sei es, daß der Wissenschaftler in
einem Bereich, der an sich für Forschung tabu sein müßte, jedenfalls für
bestimmte Jahreszeiten, doch forschen will - und damit sein Alibi begründet,
obwohl es hohe Negativeffekte hat, muß lernen, daß er diesen Ansatz hier
nicht macht, weil er mit seinem Eigennutz begründet ist.

Der Ornithologe, der permanent mit Gruppen Excursionen durchführt, indem er dabei kalkuliert, daß bei soundsoviel Besucherzahlen ein Gebiet sich besser tragen läßt, weil es Pfennige oder Mark gibt, die dafür bezahlt werden, muß lernen, daß er auch auf bestimmte Mark verzichtet für das Führen und nur wirklich dabei soviel führt und zeigt, wie es die Natur verträgt. Das ist oft weniger, als das bisher getan wird.
Der Jäger muß lernen, daß er auf Dauer solche Arten, die er nicht hegt, d.h. bis auf die 4 Arten Wildschwein, Rothirsch, Damhirsch und vielleicht Reh, in diesen Bereichen erst mal den Vorrang Naturschutz, einem natürlichen Gleichgewicht, überläßt und nicht mit einer eigenen Gleichsgewichts-theorie anfängt, diesen Bereich schwierig durchforstbar zu machen, da wo kein Wissenschaftler genau und exakt bestimmte Gleichgewichtsstrategien machen kann, wo es die Natur mit all ihren Schwankungen vielleicht besser macht.
Der Landwirt muß lernen, daß bestimmte Gesichtspunkte, unter denen er meint, wenn er statt 3 Rindern nur noch 1,5 pro ha hat, auf eine Ver-dopplung der Wirkung im Sinne der Artenvielfalt kommt, falsch sind. Viel-fach wird, wenn nur noch 1/6 übrig ist an Beweidung, damit eine Verdopp-lung der Artenvielfalt bewirkt. Das heißt, "auf 1/6 reduzieren", also sind 5/6 Verlust an Produktion, bewirkt oft erst eine Verdopplung der Artenviel-falt. Dies zeigt, wie weit wir heute in diesem Bereich der Wirtschaft von dem, was Natur verträgt, entfernt sind.
Für den Ökonomen, für die Ministerien hier im Lande, heißt das, daß sie natürlich nicht bezahlen können nach dem, was an Arten mehr kommt, sondern nach dem, was an Verlust an Wirtschaft da ist.

Wenn wir diesen selbstkritischen Ansatz nicht durchführen, würden wir sonst eine Entwicklung begünstigen, die momentan überall aus dem Erdboden schießt, nämlich. Firmen und Förderergruppen, die Land ankaufen und wieder weggeben, wenn der Naturschutz und darin Organisationen aufziehen, die möglicherweise, wenn sie auch kein Geld damit verdienen, ganz persönliche Nutzinteressen damit verbergen. Es darf nicht sein, daß eines Tages dabei unter einem Boom von Naturschutz möglicherweise eine Fülle von zuviel Egoismen sich verbergen. Was davon getrennt werden muß,ist die Entwicklung einer und eine stärker werdende Motivation, wo persönliche Emotion, die förderlich ist, in viel höherem Maße einfließen soll und darf, als das bisher der Fall war. Wichtig ist, daß die Aktivität durch diese Emotion gefördert wird und daß die Strategiekonzepte dagegen mit absolut klaren Diagnosen, Analysen und Ziel-vorstellungen im rationellen Bereich begründet werden.

Abbildungen aus

HEYDEMANN, B. (1986):
Grundlagen eines Verbund- und Vernetzungskonzeptes für den Arten- und Biotopschutz. Grüne Mappe 1986, Landesnaturschutzverband Schleswig-Holstein. Kiel

BIOTOPVERNETZUNGSPROGRAMME IN HESSEN

Cornel Moog

Zusammenfassung

Unter dem Einfluß des Menschen wandelte sich die Naturlandschaft über die Kulturlandschaft zur Wirtschaftslandschaft. Nutzungsintensivierung, Lebensraumisolierung sowie eine Verarmung bzw. Verlust von Flora und Fauna sind die Folge.

Ein aussichtsreicher Artenschutz ist nur über den Biotopschutz möglich. Die verschiedenen zu schützenden Biotope bzw. Ökosysteme sind naturräumlich und funktional zu verknüpfen.

Im Jahr 1984 wurde im Auftrag des Hessischen Ministeriums für Landwirtschaft, Forsten und Naturschutz für den Naturraum Burgwald ein Vernetzungskonzept als Pilotprojekt erarbeitet.

Aufbauend auf den gewonnenen Erfahrungen konnten bis heute zwei weitere Biotopverbundsysteme (Rhön und Vogelsberg) fertiggestellt werden.

Die Schwerpunkte der naturräumlichen Vernetzungskonzepte bilden die flächenhaften und linienhaften Biotope. Den Linien- bzw. Saumbiotopen, wie Waldränder, Fließgewässer und Heckenzüge werden eine besondere Bedeutung beigemessen.

Neben der Beschreibung, Analyse und Bewertung bedurfte es einer konkreten Maßnahmen- und Finanzplanung. Nur auf diese Weise ist es möglich, eine ökologische Planung in Verwaltungshandeln umzusetzen. Für besonders schutzwürdige Biotope bereitete die Naturschutzgruppe die Ausweisung als Schutzgebiete nach dem Naturschutz- bzw. Forstrecht vor. Es konnten auch konkrete Vorschläge für den Flächenerwerb, die Anpachtung und den Tausch erarbeitet werden. Je nach Naturraum wurden auch Artenschutzprobleme und landschaftspflegerische Aspekte berücksichtigt, wie

- Flußperlmuschel
- Birkwild
- Waldzuwachs.

Die Ergebnisse der Vernetzungskonzepte Burgwald - Rhön - Vogelsberg liegen text- und kartenmäßig vor.

Die Umsetzung der Ergebnisse muß zielgerichtet auf allen Ebenen der öffentlichen Verwaltungen erfolgen.

Biotopvernetzungsprogramme in Hessen

Unter dem Einfluß des Menschen wandelte sich die Naturlandschaft über die Kulturlandschaft zur Wirtschaftslandschaft mit all den z.T. schon bekannten ökologisch negativen Aspekten wie

1. Nutzungsintensivierung
2. Biotopzerstückelung
3. Lebensraumisolierung
4. Verarmung bzw. Verlust von Flora und Fauna

Mit der Ausweisung repräsentativer noch vorhandener Restbiotope als
Naturschutzgebiete glaubte man lange Zeit, den negativen Auswirkungen
Einhalt bieten zu können.

Es zeigt sich jedoch, daß der Arten- und Biotopschutz und somit letztlich die Grundsätze und Ziele des Naturschutzgesetzes nicht bzw. nicht
allein zu realisieren sind.

Die Erkenntnisse der neueren Literatur, ich verweise auch auf die
Aussagen meines Vorredners, Herrn Prof. Heydemann, sind eindeutig.
Artenschutz ist nur über den Biotopschutz möglich, wobei die verschiedenen zu schützenden Biotope bzw. Ökosysteme räumlich und funktional zu verknüpfen sind.

Im Jahr 1984 beauftragte das Hess. Ministerium eine Arbeitsgruppe,
bestehend aus Botanikern, Zoologen und Forstassessoren zur Erhebung
eines Biotopverbundsystems als Pilotprojekt. Mit dieser Studie sollten
Erfahrungen gesammelt werden, wie die Umsetzung bzw. Realisierung der
Grundforderung vernetzter Systeme in verwaltungspraktisches Handeln
einmünden kann.

Aufbauend auf den gewonnenen Erfahrungen des Pilotprojektes wurden in
den Jahren 1984 und 1985 weitere Biotopverbundsystem in Angriff genommen und fertiggestellt.

Mit den Biotopvernetzungskonzepten will die Naturschutzbehörde sicher-
stellen, daß sich der Naturschutz nicht nur auf die Flächen der Naturschutzgebiete beschränkt, sondern daß über die Gesamtfläche des Landes
bzw. der einzelnen Naturräume ein Naturpotential in ausreichendem Um-
fange vorhanden bleibt bzw. wieder hergestellt wird.

Unter den derzeitigen wirtschaftlichen Rahmenbedingungen muß jedoch
davon ausgegangen werden, daß das Idealziel, nämlich die ökologisch
zu gestaltende Landschaft, d.h. die naturnahe Kulturlandschaft, nur
sehr schwer zu erreichen sein wird. Die zukünftige Stillegung von landwirtschaftlich genutzten Flächen gibt uns jedoch Hoffnung, daß unser
Ziel auf hohem Niveau erreicht werden kann.

Im nachfolgenden Abschnitt möchte ich auf die Vorgehensweise, die Ergebnisse und die Umsetzung der Vernetzungskonzepte eingehen.

Aufbauend auf den vorhandenen Unterlagen, wie

- Biotopkartierung der offenen Landschaft
- Biotopkartierung des öffentlichen Waldes
- Biotopsicherungs- und -entwicklungskonzeption der Bezirks-
  direktionen für Forsten und Naturschutz in Darmstadt und Kassel
- diverse Artenkartierungen

- Anträge und Gutachten zur Unterschutzstellung durch die nach § 29
  Bundesnaturschutzgesetz anerkannten Verbände
- agrarstrukturelle Vorplanungen zu Flurbereinigungen
- Landschaftspläne
- sowie sonstigen ökologischen Untersuchungen

wurde von der Arbeitsgruppe ein Konzept erarbeitet.

Dieses Konzept erfaßt die Hauptelemente eines vernetzten Systems in
dem jeweiligen Naturraum und zeigt die Möglichkeiten auf, wie die
Grundforderungen in verwaltungsmäßiges Handeln umzusetzen sind. In den
Jahren 1984 und 1985 konnten so die Biotopverbundsysteme in den Naturräumen

- Burgwald
- Rhön
- Vogelsberg

fertiggestellt werden.

Gemäß den Zielen eines vernetzten Konzeptes ergaben sich folgende Schwerpunkte:

1. Flächenhafte Biotope

   Die in den Naturräumen vorkommenden Biotoptypen wurden beschrieben,
   analysiert, bewertet und kartenmäßig festgehalten. Für die Umsetzung
   erfolgten Angaben über die generell zu treffenden Pflege- und Ent-
   wicklungsmaßnahmen.

   Als Biotope kamen in Frage:

   - Wälder der verschieden nährstoff- und wasserversorgten Standorte
   - Wiesengesellschaften und Weiden
   - Feuchtbiotope
   - Sukzessionsflächen, Brachen, Feldholzinseln und Streuobstflächen

2. Linien- bzw. Saumbiotope

   Den Linien- und Saumbiotopen wurde eine besondere Bedeutung beigemessen.
   Erst über den Erhalt und die Pflege sowie die Neupflanzung diverser
   Biotoptypen ist es zum überwiegenden Teil möglich, ein intaktes Biotopverbundsystem aufzubauen. Diese linearen Biotoptypen stellen nämlich
   die Verbindungslinien zu den flächenhaften Biotopen her und gewährleisten den Aufbau eines vernetzten Systems.

   Je nach naturräumlicher Ausstattung wurden folgende lineare Biotope
   bearbeitet:

   - Waldränder, zum überwiegenden Teil die Waldaußenränder
   - Fließgewässer
   - Wege- und Grabenränder
   - Heckenzüge

Gemäß den flächenhaften Biotopen erfolgte auch hier eine Beschreibung, Analyse, Bewertung und eine generelle Aussage zur Erhaltung und zur weiteren Pflege.

Während in dem ersten Konzeptabschnitt die ökologischen Grundlagen und die Hauptbiotoptypen erfaßt wurden, ging die Arbeitsgruppe im anschließenden Teil auf die Möglichkeit der Umsetzung ein.

Die in dem Naturraum bestehenden Schutzkategorien des Naturschutz- und des Forstrechtes wurden auf die Abgrenzung, den Schutzstatus, das Schutzziel und die Erfolge der bisherigen Pflege hin beurteilt. Erforderliche Änderungen waren zu formulieren. Eine Überprüfung der bisher kartierten Biotope konnte ebenso vorgenommen werden.

Auch im Bereich des Naturschutzes und der Landschaftspflege ist es notwendig, daß Aussagen, Vorstellungen und Planungen konkretisiert werden. Erst wenn die Absichten mit entsprechenden Maßnahmen- und Finanzplanungen versehen werden, wird ein verwaltungsmäßiges Handeln möglich sein.

Die vorhandenen bzw. geplanten Schutzgebiete stellen die Knotenpunkte in einem vernetzten System dar. Als wichtige Elemente eines Biotopverbundsystems wurden die geplanten Schutzkategorien nach dem Naturschutz- und dem Forstrecht erarbeitet.

Im einzelnen bedeutet dies, daß die Objekte in der Vorbereitung für die zukünftige Ausweisung und Pflege wie folgt erfaßt wurden:

- Lage und Besitzverhältnisse
- Schutzgründe, Schutzziel
- räumliche Abgrenzung, ggf. Zonierung
- Schutzstatus
- konkrete Maßnahmen- und Finanzplanungen
- Ge- und Verbotskataloge

Die sogenannten "Schutzwaldgebiete" also Waldbiotope, die im Rahmen der Staatswald- und Kommunalwaldkartierung bekannt waren, fanden ebenfalls angemessene Berücksichtigung, in Form von entsprechender Planung.

Neben den flächenhaften Biotopen kann in einem intakten Biotopverbundsystem, wie zuvor bereits erwähnt, nicht auf die Linien- oder Saumbiotope verzichtet werden. Hier stellen die Waldränder, die Fließgewässer, die Wege- , Straßen- und Grabenränder sowie die Heckenzüge die Verbindungslinien her. So wurden die vernetzten Elemente erfaßt, bewertet und ebenfalls mit einer konkreten Maßnahmen- und Finanzplanung versehen.

Das Hauptschwergewicht lag auf den Waldrändern, Fließgewässern und den Heckenzügen.

Ein weiteres Augenmerk nahm die ausgeräumte Feldflur und mögliche Folgenutzungen nach dem Abbau oberflächennaher Lagerstätten ein. Auch hier versuchte man, im Rahmen des Möglichen entsprechende Aussagen hinsichtlich der Umsetzung zu treffen. Ökologisch wertvolle pflege- und entwicklungsbedürftige Flächen in der freien Landschaft, die zukünftig keinen Schutzstatus erhalten werden, analog den sogenannten "Schutzwaldgebieten", wurden erfaßt und mit einer Planung bedacht.

Ein wichtiger Punkt für die Umsetzung und Realisierung des Naturschutzgedankens bedeutet der Flächenerwerb durch die öffentliche Hand innerhalb und außerhalb zukünftiger Naturschutzgebiete.

Auch eine Anpachtung oder ein Flächenkauf sind hier denkbar.

Andererseits wird hiermit gewährleistet, daß das Schutzziel ungefährdet erreicht und der Privateigentümer entlastet werden kann.

Die Arbeitsgruppe ging auch auf naturräumlich spezifische Artenschutzprobleme ein, wie z.B.der Flußperlmuschel oder des Birkwildes. Natürlich konnte dabei die komplexe Problematik nicht im vollen Umfang gelöst werden.

Im Naturraum Vogelsberg und Rhön stellte die Frage des möglichen Waldzuwachses und der aus Gründen des Naturschutzes und der Landschaftspflege offen zu haltenden Flächen einen weiteren Bearbeitungspunkt dar.

Hier zeigte die Arbeitsgruppe auf, welche Flächen unbedingt auch zukünftig freizuhalten sind und welche Bereiche einer möglichen Aufforstung mit standortsgerechten Baumarten oder einer Sukzession zugeführt werden können.

Ich komme zum Schluß:

Die Ergebnisse der bisher durchgeführten hessischen Biotopvernetzungsprogramme Burgwald - Rhön - und Vogelsberg liegen in Form von Text und Karten vor bzw. werden durch das Ministerium fertiggestellt.

Es ist hier jedoch nicht möglich und m.E. auch nicht sinnvoll, auf die vielfältigen Ergebnisse der Vernetzungsprogramme einzugehen.

Neben der Sicherung und Pflege der besonders schutzwürdigen Objekte wird zukünftig die Pflege und die Gestaltung von flächenhaften und linearen Biotopen, die keinen Rechtsstatus erlangen werden, einen neuen Schwerpunkt bilden. Die Extensivierung der Flächennutzung wird jedoch mit darüber entscheiden, ob wir unser Ziel der intakten Ökosysteme erreichen werden.

Die Umsetzung der Ergebnisse solcher Biotopprogramme setzt ein zielgerichtetes mittel- bis langfristiges Handeln der öffentlichen Verwaltungen voraus.

Auf allen Ebenen der öffentlichen Verwaltungen und mit zunehmendem Anteil an Privatinitiative muß die Umsetzung vorangetrieben werden. Wir sind verpflichtet, den gesetzlichen Normen des Naturschutzrechtes nachzukommen. Mit welchen Schwierigkeiten heute die Naturschutzarbeit verbunden ist, wissen alle, die tagtäglich den praktischen Naturschutz vollziehen. Dies ist nur möglich, wenn der Naturschutz zusätzlich mit qualifizierten Fachkräften und mit einem entsprechend den heutigen Verhältnissen und Anforderungen, angepaßten Etat ausgestattet wird.

Forstrat Cornel Moog
Außenstelle Obere Naturschutzbehörde
Am weißen Rain 41
6148 Heppenheim

VON BIOTOPKARTIERUNGEN ZU VERNETZUNGSKONZEPTEN -
GRUNDLAGE DER BIOTOPSCHUTZARBEIT DER NATURSCHUTZVERBÄNDE

Ernst Brockmann, Sven Deeg

1. EINLEITUNG
==========

Weitreichende Veränderungen in Land- und Forstwirtschaft, die
Ausweitung von Siedlungen, der Ausbau von Verkehrstrassen, sowie
ein übertriebener "Ordnungssinn" führten zu einer drastischen
Reduzierung und Verkleinerung der natürlichen Lebensräume. Übrig
blieben kleinflächige Reste, die wie Inseln in lebensfeindlicher
Umwelt liegen. Die Folge dieser Verinselung ist ein starker An-
stieg des Artensterbens. Über ein Drittel unserer heimischen
Pflanzen- und Tierarten werden heute in den Roten Listen als
bedroht oder gefährdet eingestuft.

Um dieser Entwicklung entgegenzuwirken, wurden in der Vergangenheit zahlreiche Schutzgebiete durch die Naturschutzbehörden,
oft unterstützt von den Verbänden, ausgewiesen. Derzeit stehen
weniger als 1 % der hessischen Landesfläche unter "amtlichem"
Naturschutz. Durch die Erstellung von Gestaltungs- und Pflege-
plänen für diese Flächen ist die Grundlage für eine unter
wissenschaftlichen Gesichtspunkten optimale zukünftige Betreuung
dieser Schutzgebiete gegeben.

Daneben bemühen sich die Naturschutzverbände um die Sicherung
und Erhaltung einer großen Zahl kleinerer Flächen außerhalb dieser
Schutzgebiete. Die Erfassung dieser Lebensräume liegt derzeit
noch nicht vollständig vor - sie wird von der Naturlandstiftung
Hessen e.V. erarbeitet. Eine fachgerechte Planung dieser Biotop-
inseln kann u.a. durch die Mitarbeiter des Planungsbüros der
Naturlandstiftung Hessen e.V. sichergestellt werden.

Bei kritischer Betrachtung hat sich unser bisheriges Naturschutz-
konzept jedoch als unzureichend erwiesen, das Artensterben zu
stoppen. Wissenschaftliche Grundlagenforschung führte zu der
Erkenntnis, daß auch die Unterschutzstellung aller verbliebenen
Restflächen langfristig nicht deren ökologische Nachteile, wie
z.B. genetische Verarmung, ausgleichen kann. Nur die Beseitigung
des negativ wirkenden Verinselungseffektes durch Biotopverbundsysteme verspricht Abhilfe, wird zu einer Reduzierung des Arten-
schwundes führen und möglicherweise auch Neubesiedelungen zulassen.

Viele Interessenverbände erheben Anspruch auf das "Nichtvermehr-
bare Gut - den Grund und Boden". Es kann daher nur im Sinn einer
erfolgreichen Naturschutzarbeit sein, wenn Naturschutzbehörden,
Naturschutzverbände und die Land- und Forstwirtschaft gemeinsam
sich um die Ausarbeitung und Verwirklichung derartiger Verbundsysteme bemühen.

2. DATENMATERIAL UND AUSWERTUNGSMETHODEN
=====================================

2.1. Biotopkartierungen

In der Naturlandstiftung Hessen e.V. betätigen sich die
hessischen Naturschutzverbände ausschließlich außerhalb der
Schutzgebiete. Die Schutzziele dieser behördlicherseits

ausgewiesenen Lebensräume sollen auf diese Weise ergänzt
und unterstützt werden. Schon bei der Auswahl der in die
Bearbeitung zu übernehmenden Grundstücke müssen jedoch auch
die Erfordernisse des Naturraumes und der "Biotopvernetzung"
Berücksichtigung finden.

Um möglichst schnell und effektiv wirksame Biotopverbundsysteme zu erstellen, ist wissenschaftliche Planung
basierend auf der Erfassung möglichst umfangreicher
ökologischer Daten unbedingt notwendig. Die bereits vorhandenen kommunalen und privaten Kartierungen in Hessen
können hierzu als Datengrundlage herangezogen werden:

"Kartierung der schutzwürdigen Biotope in Hessen" ("Kartierung der offenen Landschaft")

Diese landesweite Kartierung wurde von biologisch ge-
schulten Kräften durchgeführt. Die ökologisch wertvollen
Bereiche wurden zum größten Teil erfasst. Eine in kurzer
Zeit durchgeführte landesweite Bearbeitung ließ jedoch nur
unzureichende Angaben zum floristischen und faunistischen
Arteninventar zu. Die Feldarbeit erfolgte 1979, die Daten
sind daher inzwischen oft veraltet.

"Kartierung im Wald"

Die landesweite Kartierung wurde zunächst im Staatsforst,
später auch auf den kommunalen Flächen durchgeführt. Sie
umfasst neben im Wald liegenden Lebensräumen und naturnahen
Waldrändern auch Bereiche der offenen Landschaft, soweit sie
von den Forstbehörden verwaltet werden. Die Kartierung erfolgte in erster Linie von Forstbeamten, die Qualität ist
sehr unterschiedlich und für eine Planung von Vernetzungskonzepten oft unbefriedigend. Die Durchführung erfolgte 1984
bis 1985.

"Agrarstrukturelle Vorplanung"

Die Kartierung erfolgte auf verschiedenen Verwaltungsebenen.
Die auf Gemeindebasis erstellte Stufe 3 differenziert flächendeckend Ackerland und Grünland in Nutzbarkeitsstufen ohne
ökologische Wertung. Diese Unterlagen liegen bisher nur für
wenige hessischen Gemeinden vor.

"Landschaftspläne der Gemeinden"

Sie sind für die meisten Gemeinden in Hessen inzwischen
zumindest in Auftrag gegeben. Die Qualität ist recht unterschiedlich, neuste Pläne berücksichtigen auch die Forde-
rungen der Biotopvernetzung. Viele Planungsbüros beschäftigen
inzwischen ökologisch geschulte Fachkräfte für eigene Erhebungen. Durch die vorgegebenen Auftragsvolumen ist aber eine
ausreichende Erfassung der ökologischen Grundlagendaten
nicht möglich.

"Unterlagen zu den staatlichen Naturschutzgebieten"

Botanische bzw. zoologische Bestandsaufnahmen sowie Pflege-
pläne liegen inzwischen für viele Naturschutzgebiete, seltener
für flächenhafte Naturdenkmale vor. Die Qualität dieser Kartierungen ist recht gut, infolge der Kleinflächigkeit der
meisten Schutzgebiete aber nur als Baustein in der Planung
von Vernetzungskonzepten zu verwenden.

"Kartierungen der Verbände und anderer ökologischer
Arbeitsgruppen"

Für Hessen liegt eine Vielzahl von teilweise sehr speziellen
Kartierungen durch Wissenschaftler oder engagierte Naturschützer vor. Die meisten dieser Lebensraum- oder Artenkartierungen wurden leider nicht veröffentlicht und sind
daher in ihrer Existenz oft nur einem kleinen Kreise bekannt.

"Verzeichnis der Flächen im Eigentum oder in Pflege
des ehrenamtlichen Naturschutzes"

Verbände oder Einzelpersonen betreuen eine bisher nicht
erfasste, große Zahl von mehr oder weniger ökologisch wertvollen Flächen. Nur ein Teil dieser Biotope sind im Land-
schaftsplan berücksichtigt, die anderen oft nur lokal bekannt
und in keinerPlanungen eingegangen. Eine vertragliche Ab-
sicherung des Grundbesitzes ist in den meisten Fällen nicht
gegeben. Die ökologische Datenerfassung auf diesen Flächen,
ebenso deren Fortschreibung zur Bewertung der Pflegemaßnahmen erfolgt nur in seltenen Fällen.

"Ökologische Gutachten zu Flurbereinigungsverfahren"

Die von der zuständigen hessischen Landesanstalt in Auftrag
gegebenen   auf Gemeindeebene erstellten Gutachten basieren
meist auf einer pflanzen-soziologischen Erfassung, oft in
Verbindung mit der Berücksichtigung zoologischer Schwert-
punktgruppen. Diese Gutachten werden erst seit wenigen Jahren
erstellt und liegen somit nur für wenige hessische Gemeinden
vor. Zahlreiche Daten werden berücksichtigt; so sind diese
Arbeiten oft wertvolle Planungshilfen.

"Amphibienkartierung"

Im Auftrag des Landes Hessen erfolgte durch ehrenamtliche
Mitarbeiter die Erfassung der hess. Amphibiengewässer mit
Angabe der dort heimischen Amphibienarten. Die Erfassung ist
hessenweit nicht einheitlich erfolgt, je nach Mitarbeiter-
potential gibt es Gebiete mit vollständigen Datenangaben,
aber auch Regionen ohne jede Angaben.

"Kartenmaterial des Landesvermessungsamtes"

Zur Planung von Naturschutzmaßnahmen ist neben den Biotopkartierungen die Berücksichtigung der naturgegebenen bzw.
anthropogen geschaffenen Gegebenheiten notwendig. Ein Teil
der erforderlichen Dateninformation kann direkt aus vor-
handenem Kartenmaterial entnommen werden.

2.2. Die Umsetzbarkeit der Kartierungen

Mit Ausnahme der nur lokal vorliegenden ökologischen Gutachten zu Flurbereinigungsverfahren und den Unterlagen zu
den staatlichen Schutzgebieten sind derzeit kaum befriedigende
aktuelle Daten zur Erarbeitung von Biotopverbundsystemen verfügbar. Da das fortschreitende Artensterben aber schnellst-
mögliche Maßnahmen erfordert, muß die Planung nach dem vorhandenen Datenmaterial erfolgen. Eine Verknüpfung aller
verfügbaren Kartierungen, bei kritischer Bewertung der
Einzeldaten, bleibt als die bestmögliche, aber unbefriedigende
Konsequenz.

Die Angleichung unterschiedlichster Kartierungen auf einen
gemeinsamen Nenner erfordert breitgefächerte Fachkenntnisse.
Ferner muß berücksichtigt werden, daß die unterschiedlichen
Kartierungen nicht unabhängig voneinander, sondern oft durch
teilweise Übertragung von Daten aus vorhandenen Gutachten
entstanden sind. Eine objektive Datenverknüpfung ist daher
unmöglich, zumal die Ausgangsdaten ja bereits einer subjektiven Bewertung zugrunde liegen. Die Problematik dieser
Verknüpfung wird nachfolgend an Fallbeispielen von Biotopkartierungen dargestellt:

2.3. Die Rasterkartierung

Die Darstellung von Kartierungen kann entweder flächenscharf
oder als Rasterung erfolgen.

Während die flächenscharfe Wiedergabe nur den tatsächlichen
Grenzverlauf zeigt (der aber durchaus einer subjektiven
Wertung zugrunde liegen kann), enthält die Rasterkartierung
bereits einen ersten Auswertungsschritt. Bei der Darstellung wird für eine bestimmte Flächeneinheit eine Bewertung vorgenommen, beispielsweise der prozentuale
Flächenteil einer bestimmten Struktur.

Vorteile der Rasterkartierung sind neben der größeren Über-
sichtlichkeit die bessere Möglichkeit zu einer elektronischen
Datenverarbeitung durch die beliebige Verknüpfbarkeit der
Einzeldarstellungen. Darüberhinaus bewahrt die Rasterdar-
stellung eine gewisse Anonymität ökologischer Einzeldaten,
wie beispielsweise die Standortkenntnis attraktiver bestandsgefährdeter Pflanzenarten. Diese Verschlüsselung ist bei
einer beabsichtigten Veröffentlichung der Kartierungen
wünschenswert.

Der Nachteil der Rasterkartierung ist der Verlust der
Flächenschärfe. Je kleiner aber die Rastergröße gewählt
wird, umsomehr kann dieser Nachteil kompensiert werden.
Bewährt für die Auswertung der Biotopkartierungen hat sich
ein 500 x 500 m-Raster. Zumal dafür das auf den topographischen
Karten eingezeichnete Ziffer 1 km-Raster nur einmal unter-
teilt werden muß. Die "Gauss-Krüger-Rasterung" der Grundlagen-
karten wurde dem UTM-Gitter vorgezogen, da bei nahezu allen
vorliegenden Kartierungen dieses Gitter Verwendung fand.

2.4. Kartierung von Einzeldaten

Naturräumliche Gliederung

(Topographische Karte 1:25.000 (TK 25 Nw);
naturräumliche Gliederung, 1:200.000, Hess. Landesanstalt
für Umwelt 1974)

Die Bedeutung und Häufigkeit bestimmter Lebensraumtypen ist
regional unterschiedlich. Die Planung von biotopverändernden
Maßnahmen muß daher die naturräumliche Gliederung berücksichtigen. Diese beruht u.a. auf den Gegebenheiten des
Landschaftsreliefs.

Waldflächen

(TK 25 Nw (s.o.))

Neben der großen Bedeutung von naturnahem Wald als wert-
vollem Lebensraum und der bedeutenden Vernetzungswirkung von
naturnahen Waldrändern (Grenzlinien-Effekt) besitzt der Wald
auch eine hohe Barriere-Wirkung für Lebewesen der offenen
Landschaft.

Während die Barriere-Wirkung besser durch eine flächenscharfe
Kartierung wiedergegeben werden kann, ist die Rasterkartierung
geeigneter für die Planung eines Feldholzinsel-Vernetzungs-
konzeptes. Beide Darstellungsarten sind daher angebracht.

Siedlungsflächen

(TK 25 Nw (s.o.))

Die anthropogenen Veränderungen im Siedlungsbereich und in
dessen Umgebung besitzen eine hohe Barriere-Wirkung. Ein
effektives Verbundsystem muß daher die besiedelten Flächen
berücksichtigen.

Verkehrswege

(TK 25 Nw (s.o.))

Je nach Befestigungsart und Breite haben Verkehrswege
eine mehr oder weniger biotopzerschneidende Wirkung.
Eine Kartierung nach dieser Differenzierung ist nicht
verfügbar, zur Darstellung gelangen daher nur die
autobahnartigen Trassen wegen ihrer besonders hohen Trenn-
wirkung.

Daneben können Bankette von Verkehrswegen auch eine
gewisse Vernetzungswirkung erfüllen. Doch überwiegen vor
allem bei stark befahrenen Straßen die Nachteile erheblich.

Fließgewässer

(TK 25 Nw (s.o.))

Zusammen mit den naturnahen Waldrändern sind die Gewässer-
ufer die einzigen natürlichen Verbundsysteme. Ihre große
Bedeutung für die Vernetzung ist aber durch Wasserver-
schmutzung, naturfernen Ausbau der Gewässer sowie natur-
ferne Ufergestaltung erheblich in Mitleidenschaft gezogen.

Die flächenscharfe Darstellung der Fließgewässer gibt die
Verbundfunktion besser wieder. Da zwar eine differenzierte
Bewertung der Wasserqualität, nicht aber der Gewässer-
qualität verfügbar ist, wurde auf eine differenzierte Darstellung verzichtet.

Feldgehölze

(Biotopkartierung des DBV, Kreisverband Gießen)

Daten über diesen Lebensraumtyp finden sich in nahezu
allen Kartierungen. Während das Ansprechen dieses Lebensraumtypes sehr einfach ist, finden sich kaum differenzierende
Angaben über Ausprägung und das Alter der Hecken und Feldgehölze. Bei der Darstellung von Feldgehölzen wurde daher
auf jegliche Bewertung verzichtet.

Streuobstbestände

Biotopkartierung des DBV Kreisverband Gießen)

Brauchbare Daten über Hochstamm-Obstbestände finden sich kaum.
Eine hessenweite Kartierung wird vom DBV derzeit bearbeitet.
Qualitative Bewertungen sind anhand der Brutvogelangaben
möglich (Beispiel: Steinkauz).

Magerrasen

(a) Kartierung der offenen Landschaft
(b) Biotopkartierung des DBV, Kreisverband Gießen

Flächendeckende Angaben über Magerrasenstandorte sind
kaum vorhanden, da vor allem die kleinflächigeren Bereiche
von Kartierern oft übersehen oder gar nicht als solche
erkannt werden. Eine qualitative Differenzierung ist vor
allem anhand von botanischen Angaben gut möglich, zumal
die hessischen Orchideenstandorte weitgehend erfasst sind.
Doch da dieser Lebensraumtyp durch Nutzungsaufgabe oder
-änderung besonders stark rückläufig ist, sind Flächen
hier besonders schnell entwertet und Kartierungen damit
schnell veraltet.

Potentielle Auen und Senken

(TK 25 NW (s.o.))

Von den ehemals weit verbreiteten Feucht- und Naßwiesen
sind nur noch kleine Reste verblieben. Umbruch, Entwässerung,
Verfüllung, Düngung und geänderte Mähzeitpunkte haben viele
Flächen verarmen lassen. Doch diese Lebensräume lassen sich
zumindest aus botanischen Gesichtspunkten relativ schnell
wieder in den artenreichen ursprünglichen Zustand zurück-
führen. Eine Kartierung potentieller Auenstandorte ist bisher
nur in Teilbereichen erfolgt. Für die Darstellung ausgewertet
wurden die topographischen Karten, die Auswertung besitzt
damit eine relativ große Fehlerquote.

Feucht- und Naßwiesen

(a) Kartierung der offenen Landschaft
b) Biotopkartierung des DBV, Kreisverband Gießen)

Im Gegensatz zu den genannten Lebensraumtypen wird eine
qualitative Bewertung bereits durch den Kartierer vorgenommen, da die wenigen noch vorhandenen Standorte als Reste
ehemals großflächig vorhandener Lebensräume als wertvoll
einzustufen sind. Über qualitativ weniger wertvolle Standorte
(s. "Die potentiellen Auen und Senken") liegen kaum Kartierungen
vor.

Kleinere Stehgewässer

(Amphibienkartierung)

Eine Erfassung dieses Lebensraumtypes ist bisher unzureichend
erfolgt, wird aber z.Zt. vom Naturschutzzentrum Hessen durchgeführt. Die einzig auswertbaren Daten liegen bisher in der
Kartierung der Amphibiengewässer vor, doch ist diese

Erfassung gebietsweise sehr unterschiedlich durchgeführt
und eine Auswertung daher nur bedingt möglich. Auf eine
qualitative Bewertung wurde zunächst verzichtet, obwohl
sie mit den Angaben über die Amphibienfauna gut möglich
ist.

3. VERKNÜPFUNG VON EINZELDATEN UND DISKUSSION DIESER
   ERGEBNISSE
   ==

Zur Planung von Biotopvernetzungskonzepten ist eine Verknüpfung
der oben dargestellten Einzeldaten notwendig.

Die Auswertung berücksichtigt die Sicherung noch vorhandener
ökologisch wertvoller Restbiotope und die Auswahl geeigneter
Standorte für die Neuschaffung von Lebensräumen. Nur wenige
Biotoptypen sind zu gestalten und werden in relativ kurzen Zeit-
räumen erfolgreich von den charakteristischen Lebensgemeinschaften besiedelt. Aus diesem Grunde erhält die "Biotop-Sicherung"
Vorrang vor der "Biotop-Neuschaffung".

Flächen von geringer Größe oder solche, die erst durch gezielte
Gestaltungsmaßnahmen an ökologischer Bedeutung gewinnen, können
durch den behördlichen Naturschutz nur in seltenen Fällen sichergestellt werden. Die Auswertung der Kartierungen zeigt Lebensräume, die durch dieses Sieb des behördlichen Naturschutzes
hindurchfallen. Eignen sich diese Flächen nicht zur offiziellen
Ausweisung, so ist hier insbesondere die Naturlandstiftung Hessen
gefragt, um durch Sicherung und fachgerechte Planung den noch
vorhandenen biologischen Wert zu erhalten bzw. zu fördern.

Potentieller Standort für die Neuschaffung von Lebensräumen der
Agrarlandschaft im Rahmen eines Verbundsystemes ist die gesamte
waldfreie Fläche außerhalb des Siedlungsbereiches und der Verkehrstrassen. Erster Schritt ist daher die Bewertung der Rasterflächen
hinsichtlich ihrer Eignung zur Neuschaffung von Lebensräumen.

Eine Rasterfläche nach diesen Gesichtspunkten kombiniert mit einer
Kartierung eines Lebensraumtyps gibt einen Überblick über den
Grad der Vernetzung und den Bedarf einer Biotop-Neuanlage. Anhand
von nachfolgenden Kartenbeispielen wird Aussagewert und Umsetzungs-
möglichkeit diskutiert:

3.1. Feldgehölze

In Regionen mit landschaftlichen Grenzertragsböden (z.B.
Vogelsberg) finden sich sehr ausgeprägte Heckenzüge von
hoher ökologischer Bedeutung. In intensiver genutzten

Gebieten (z.B. Wetterau) gibt es dagegen Hecken nur noch
an landwirtschaftlich unnutzbaren Böschungen oder aber sie
wurden durch Maßnahmen vergangener Jahrzehnte völlig beseitigt.
In diesen Gebieten ist neben der Erhaltung von Reststrukturen
die Neuanlage von Hecken und Feldholzinseln eine wichtige Aufgabe. Infolge der geringen Ausbreitungsstrategien vieler für
diesen Lebensraum typischer Arten ist ein dichtes Netz von
Kleinstbiotopen zwischen den vorhandenen Feldgehölzen und
den naturnahen Waldrändern zu schaffen.

3.2. Magerrasen

Dieser standortbedingt zumeist kleinflächig ausgeprägte
Lebensraum entstand durch Hutebeweidung oder Mahd von Extrem-
standorten. Bewässerung und Düngung ermöglichten in vielen
Fällen eine Umwandlung in Äcker oder Intensivweiden, andere
Flächen wurden aus der Nutzung genommen und verbuschen.

Da eine Neuanlage dieses Lebensraumtyps nur an sehr speziellen
Standorten möglich ist und die Entwicklung zu artenreichen
Biotopen mehrere Menschenleben dauert, sollte jede noch vor-
handene Magerrasenfläche unbedingt erhalten bleiben.

Neben der Sicherstellung einer werterhaltenden Pflege müssen
möglichst auch benachbarte Flächen aus der Intensivbewirt-
schaftung herausgenommen werden, da Dünger- und Spritzmittel-
eintrag eine Gefährdung für den Biotop darstellen. Durch Aus-
magern der Nachbargrundstücke ist eine Vergrößerung des Lebensraumes anzustreben. Die Anlage von Streuobstbeständen und
Hecken in der Nachbarschaft kann den ökologischen Wert durch
zusätzliche Strukturen erheblich fördern.

3.3. Streuobstbestände

Vor allem in den Randlagen der Dörfer gab es ausgedehnte Streuobstbestände, die zahlreichen Tier- und Pflanzenarten einen
Lebensraum boten. Ein erheblicher Teil dieser Flächen verschwand
durch verschiedenste Ursachen. Der größte Teil der verbliebenen
Restflächen wird heute nicht mehr gepflegt. Der Erhalt aller
noch großflächigen Streuobstbestände ist unbedingt notwendig,
daneben sind ständiges Nachpflanzen von Bäumen, die Neuanlage
sowie die Vergrößerung noch vorhandener Restflächen erforderlich.
Eine Vernetzung der großflächigen Bestände durch kleinere Baum-
gruppen und -reihen muß gewährleistet sein.

3.4. Feucht- und Naßwiesen

In den Talauen entlang von Flüssen und Bächen gab es ausgedehnte
Feucht- und Naßwiesen, die mit dem Fließgewässersystem und den
zahlreichen kleineren feuchten Senken ein Biotopverbundsystem

bildeten. Umbruch, Verfüllung, Drainage, Düngung und die
damit verbundene Veränderung in der Bewirtschaftungsintensität
verwandelten die ehemals sehr artenreichen Lebensräume in
monotones Wirtschaftsgrünland oder Ackerland. Besonders
deutlich, auch für breite Kreise der Bevölkerung, wurde diese
Verarmung unserer Natur am Rückgang der Charakterarten dieses
Lebensraumtyps, wie Weißstorch und verschiedene Wiesenbrüter.

Eine Sicherung aller noch geeigneter Auen muß unverzüglich erfolgen. Ein Umbruchverbot alleine ist dafür nicht ausreichend.
Die Schaffung künstlicher Flutmulden als Ausgleich für die in
der Vergangenheit erfolgten Verfüllungen und Nivellierungen
sowie die Reduzierung der Düngung und Änderung in der Be-
wirtschaftungsweise zumindest auf einem Teil der Flächen
ermöglicht die Wiederbesiedlung verlorener Lebensräume für
eine Vielzahl von Pflanzen- und Tierarten, sofern diese
Flächen in ein funktionierendes Biotopverbundsystem eingefügt
sind.

4. ZUSAMMENFASSUNG UND SCHLUSSBEMERKUNG

Die Erhaltung der natürlichen Vielfalt und damit letztlich das
Überleben der Menschheit als ein Glied in der Natur ist die vor-
dringlichste Aufgabe geworden. Der Artenrückgang durch Beseitigung
von Lebensräumen und Störung von ökologischen Abläufen hat eine
kritische Phase erreicht. Um diesen Verarmungsprozeß in absehbarer
Zeit zu stoppen, sind weitreichende Veränderungen der Bodennutzung
notwendig.

Zur Planung von Biotopverbundsystemen steht für Hessen eine Anzahl
von Kartierungsunterlagen zur Verfügung. Keine dieser Unterlagen
ist alleine für eine Planung ausreichend, da die Kartierungen zum
Teil unzureichend, veraltet oder nicht hessenweit erfolgt sind.
Die Verknüpfung der Kartierungen bietet daher die bestmögliche,
wenn auch unbefriedigende Lösung.

Die ausgewerteten Einzeldaten werden auf Rasterkarten dargestellt.
Die elektronische Datenverarbeitung ermöglicht die beliebige Verknüpfung der Einzeldarstellungen.

Ein Verbundsystem erfordert neben der Planung aber auch die Bereitstellung von Flächenpotential. In einigen Gebieten Hessens, wie
z.B. im Westerwald, reicht das angebotene Flächenpotential für
eine Naturschutzkonzeption bereits aus, in landwirtschaftlichen
Intensivgebieten, wie z.B. der Wetterau, ist trotz Überlastung der
EG-Märkte Ankauf und Anpachtung zur Extensivierung von Flächen
kaum möglich.

Zusätzlich zu den Kosten für Ankauf oder Anpachtung kommt noch für die Schaffung und Erhaltung des ökologischen Wertes notwendige Pflege hinzu. Der ehrenamtliche Naturschutz ist damit überfordert, dagegen wäre eine Pflegeübernahme durch die Landwirtschaft kein Problem. Die dafür benötigten Geldmittel können aber allein von den Naturschutzverbänden nicht aufgebracht werden. Umgekehrt kann die Sicherung, Planung, Betreuung und Überwachung dieser Flächen nicht ohne den ehrenamtlichen Naturschutz gewährleistet werden.

5. GRAPHIKEN
=========

Rasterkarten als Planung für Biotopverbundsysteme
am Beispiel des Landkreises Gießen
(weitere Angabe dazu siehe Text).

1. Naturräumliche Gliederung, Höhenkarte

2. Waldflächen

3. Siedlungsflächen

4. Verkehrswege

5. Fließgewässer

6. Urkarte zur Biotopkartierung

7. Feldgehölze

8. Magerrasen

9. Streuobstbestände

10. Feuchtwiesen

6. LITERATUR
=========

ALMON, Guido (1979): Empfehlungen zur Agrarstrukturellen Vorplanung
2. Stufe im Hinblick auf ein Optimales Zusammenwirken von agrarischer
Nutzung und biologischer Vielfalt. Wiesbaden.

BLAB, Josef (1985): Zur Machbarkeit von "Natur aus zweiter Hand" und
zu einigen Aspekten der Anlage, Gestaltung und Entwicklung von
Biotopen aus tierökologischer Sicht. Natur und Landschaft
60 : 136 - 140

BLAB, Josef (1986): Grundlagen des Biotopschutzes für Tiere. Bonn -
Bad Godesberg.

DEEG, Sven (1985): Zur "Vernetzung" von Lebensräumen. Naturlandstiftung Hessen e.V. Mitt. 3, Nr. 6; in Hessenjäger 4 : 185 - 186

DEIXLER, Wolfgang (1985): Biotopvernetzung - Konzepte und Realisierung. Natur und Landschaft 60 : 131 - 135

ELLENBERG, Heinz (1982): Vegetation Mitteleuropas mit den Alpen. Stuttgart.

FINK, Hans G. und   Botanische und zoologische Artenerhebungen in
NOWAK, Eugeniusz (1983): der Bundesrepublik Deutschland. Natur und Landschaft: 203 - 252

HESSISCHER MINISTER FÜR LANDWIRTSCHAFT, FORSTEN und NATURSCHUTZ (1985): Biotopverbundsystem Burgwald. Wiesbaden.

KAULE, Giselher (1983): Vernetzung von Lebensräumen in der Agrarlandschaft. Daten und Dokumente zum Umweltschutz 35 : 25 - 41

KAULE, Giselher, SCHALLER, Jörg und SCHOBER, Hans-Michael (1978): Auswertung der Kartierung schutzwürdiger Biotope in Bayern. Heft 1, Allgemeiner Teil - Außeralpine Naturräume. München.

MAC ARTHUR, Robert H. und WILSON, Edward O. (1971): Biogeographie der Inseln. München.

MADER, Hans-Joachim (1985): Die Verinselung der Landschaft und die Notwendigkeit von Biotopverbundsystemen. LÖLF - Mitteilungen : 6 - 14

MINISTERIUM FÜR SOZIALES, GESUNDHEIT UND UMWELT (1984): Arten- und Biotopschutz - Aufbau eines vernetzten Biotopsystems in Rheinland-Pfalz. Mainz.

MÜHLENBERG, Michael (1982): Artenverlust - trotz ökologischer Planung? Natur und Landschaft 57 : 295 - 296

TONNER, Gernod (1985): Lebensraumvernetzung in der Praxis. Naturlandstiftung Hessen e.V. Mitt. 3, Nr. 7; in Hessenjäger 4 : 215 - 216

WEIGER, Hubert und FROBEL (1983): Biotopkartierung Bayern. Bilanz von 1974 - 1981. Natur und Landschaft 58 : 439 - 444

ZENKER, Wolfgang (1982): Beziehungen zwischen dem Vogelbestand und der Struktur der Kulturlandschaft. Beiträge zur Avifauna des Rheinlandes Heft 15. Düsseldorf.

7. DANKSAGUNG
==========

Stellvertretend für alle Behörden, Kommunen und Verbände, die uns Daten zur Auswertung zur Verfügung stellten, dürften wir uns beim Kreisverband Gießen des DBV's, einem Mitgliedsverband der Naturlandstiftung Hessen e.V., bedanken.

Diplom-Biologe Ernst Brockmann
Diplom-Biologe Sven Deeg
Naturlandstiftung Hessen e.V.
Am Römerkastell 9
6350 Bad Nauheim

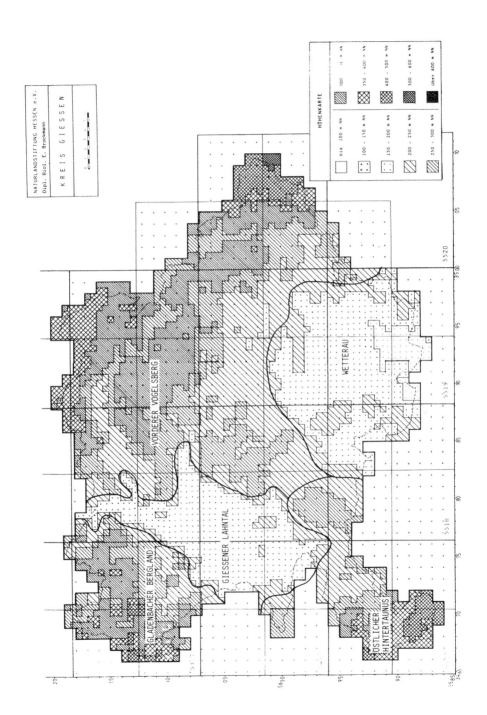

NATURLANDSTIFTUNG HESSEN e.V.
Dipl. Biol. E. Brockmann

K R E I S G I E S S E N

HÖHENKARTE

bis 100 m NN
100 - 150 m NN
150 - 200 m NN
200 - 250 m NN
250 - 300 m NN
300 - 400 m NN
400 - 500 m NN
500 - 600 m NN
über 600 m NN

VORDERER VOGELSBERG

WETTERAU

GIESSENER LAHNTAL

GLADENBACHER BERGLAND

ÖSTLICHER HINTERTAUNUS

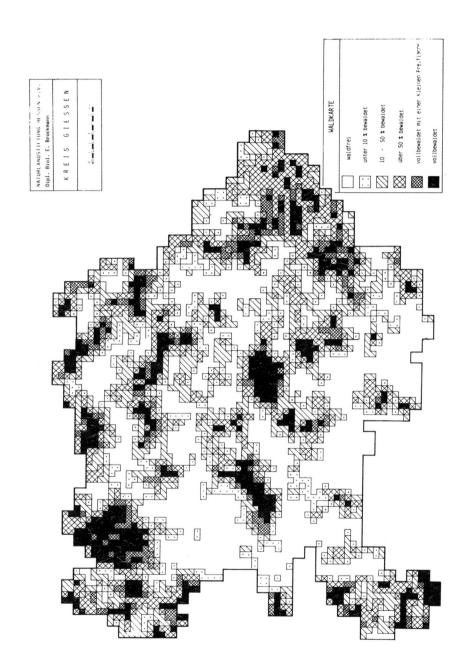

WALDKARTE

waldfrei	
unter 10 % bewaldet	
10 - 50 % bewaldet	
über 50 % bewaldet	
vollbewaldet mit einer kleinen Freifläche	
vollbewaldet	

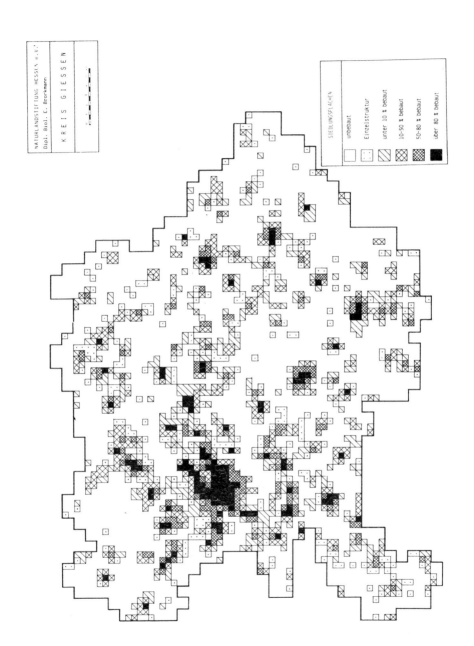

NATURLANDSTIFTUNG HESSEN e.V.

Dipl. Biol. E. Brockmann

K R E I S   G I E S S E N

SIEDLUNGSFLÄCHEN

unbebaut

Einzelstruktur

unter 10 % bebaut

10-50 % bebaut

50-80 % bebaut

über 80 % bebaut

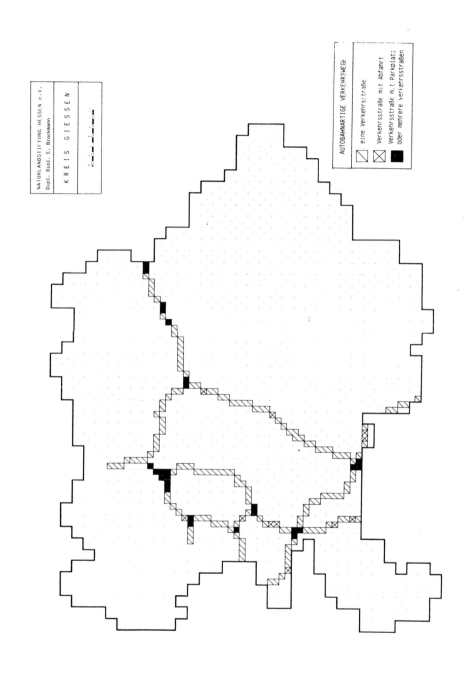

AUTOBAHNARTIGE VERKEHRSWEGE:

eine Verkehrsstraße

Verkehrsstraße mit Abfahrt

Verkehrsstraße m.t Parkplatz
oder mehrere Verkehrsstraßen

L A N D K R E I S   G I E S S E N

FLIESSGEWÄSSER

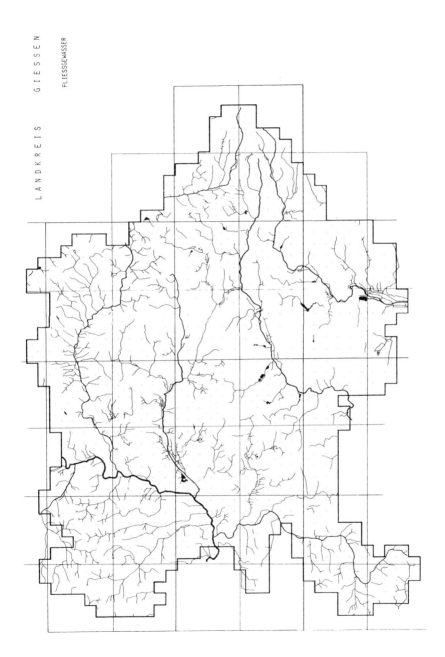

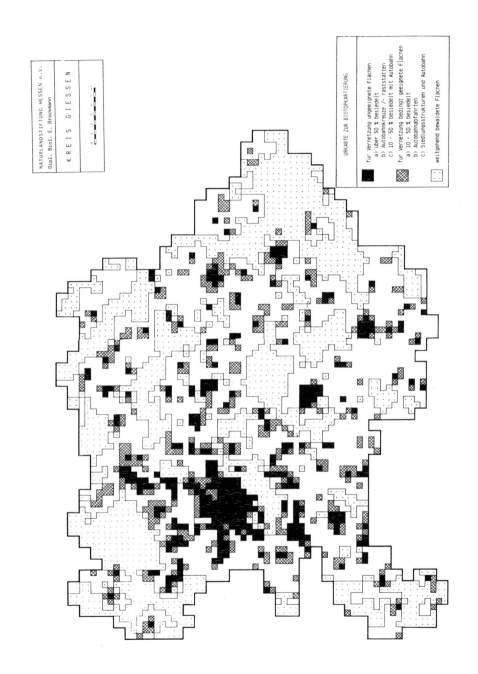

NATURLANDSTIFTUNG HESSEN e.V.
Dipl. Biol. E. Brockmann

K R E I S   G I E S S E N

URKARTE ZUR BIOTOPKARTIERUNG

für Vernetzung ungeeignete Flächen

a) über 50 % besiedelt
b) Autobahnkreuze /- raststätten
c) 10 - 50 % besiedelt mit Autobahn

für Vernetzung bedingt geeignete Flächen

a) 10 - 50 % besiedelt
b) Autobahnabfahrten
c) Siedlungsstrukturen und Autobahn

weitgehend bewaldete Flächen

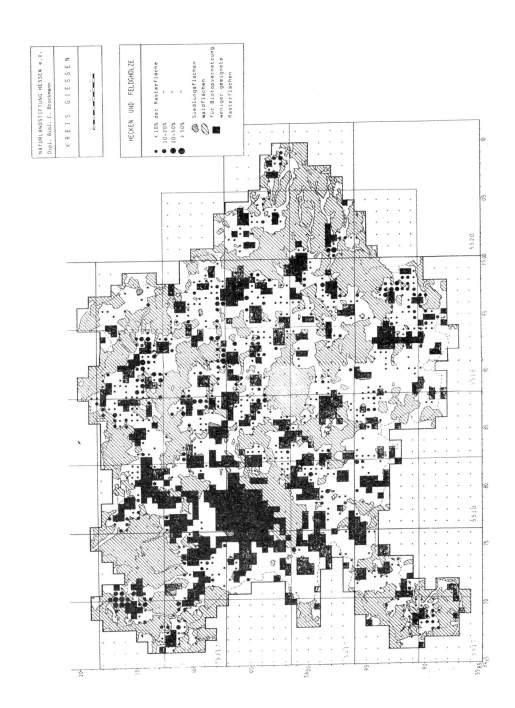

NATURLANDSTIFTUNG HESSEN e.V.
Dipl. Biol. E. Brockmann

K R E I S   G I E S S E N

HECKEN UND FELDGHÖLZE

< 10% der Rasterfläche
10-20%   "
20-50%   "
> 50%   "

Siedlungsflächen

Waldflächen

für Biotopvernetzung
weniger geeignete
Rasterflächen

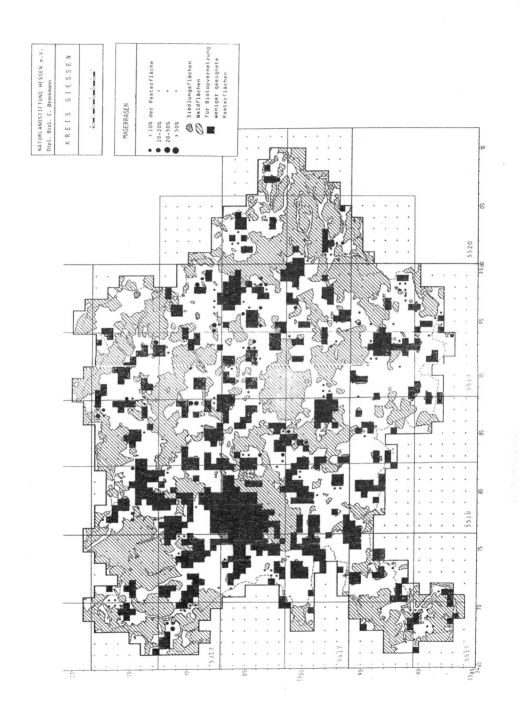

NATURLANDSTIFTUNG HESSEN e.V.
Dipl. Biol. E. Brockmann

K R E I S   G I E S S E N

MAGERRASEN

< 10% der Rasterfläche
10-20%   "
20-50%   "
> 50%   "

Siedlungsflächen
Waldflächen
für Biotopvernetzung
weniger geeignete
Rasterflächen

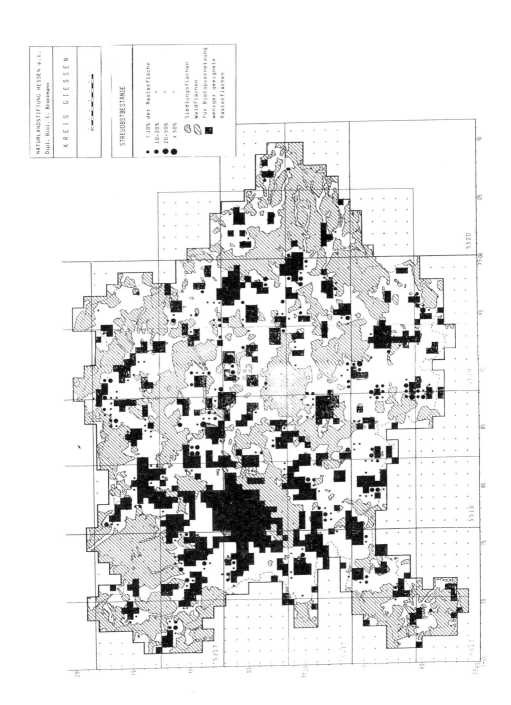

NATURLANDSTIFTUNG HESSEN e.V.
Dipl. Biol. E. Brockmann

K R E I S   G I E S S E N

STREUOBSTBESTÄNDE

· ‹ 10% der Rasterfläche
• 10-20%   "   "
● 20-50%   "   "
● > 50%   "   "

Siedlungsflächen

Waldflächen

für Biotopvernetzung
weniger geeignete
Rasterflächen

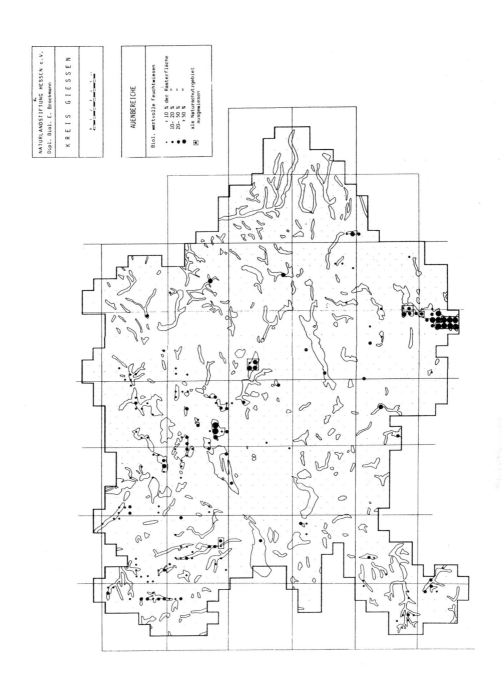

NATURLANDSTIFTUNG HESSEN e.V.

Dipl. Biol. E. Brockmann

K R E I S   G I E S S E N

AUENBEREICHE

Biol. wertvolle Feuchtwiesen

• < 10 % der Rasterfläche
•• 10- 20 %   "
••• 20- 50 %   "
•••• > 50 %   "

▣ als Naturschutzgebiet
   ausgewiesen

ZUSAMMENFASSUNG UND AUSBLICK

Willy Bauer

Zusammenfassung und Ausblick ist bei der Fülle des dargebotenen Stoffes,
insbesondere des "Öko-Gewitters" von Herrn Prof. Heydemann, kaum möglich.

Wir haben heute versucht, den Stand unserer Kenntnisse hinsichtlich Ver-
netzungs-Verbundkonzepten aufzuzeigen. Es gibt Lücken in unseren Kennt-
nissen und die Planungen sind oft über ein Versuchsstadium noch nicht
hinausgekommen. Mehr war in der kurzen Zeit nicht leistbar. Man kann
von den Naturschutzverbänden und ihren Mitarbeitern, die oft in Arbeits-
beschaffungsmaßnahmen tätig sind, bei zunächst geringer behördlicher
Unterstützung, und auch tatenlosem Zusehen von Gemeinden und Kreisen,
kaum mehr verlangen.
Es hat sich in vielen Fällen eine deutliche Verbesserung der Situation
des Naturschutzes in Hessen - gerade im Hinblick auf Biotopverbundsysteme -
ergeben.
Dazu zählt auch, daß in einem erfreulichen Umfang Gemeinden und Städte
der Naturlandstiftung Hessen e.V. beigetreten sind, daß Mitarbeiter der
Ämter für Landwirtschaft und Landentwicklung, der Forstämter, der Unteren
Naturschutzbehörden, sich in ihrer freien Zeit, wie wir es schon seit
Jahren tun, zusätzlich engagieren. Viele Behördenmitarbeiter stehen uns
mit Rat und Tat zur Verfügung. Sie sind auch in der Lage, unsere wichtigen
Anliegen in ihren behördlichen Gremien zu unterstützen und durchzusetzen.
Dies ist eine vorzügliche Entwicklung.

Darüberhinaus ist es gelungen, die meisten der hessischen 29-er Verbände
unter dem Dach der Naturlandstiftung in einer Zielrichtig, an der uns
allen gelegen ist, zu vereinen. Das wird, so hoffe ich, in Zukunft Doppel-
arbeit ausschalten. Auch der eine oder andere Fehlgriff wird sich somit
eher vermeiden lassen.

Ich gehe davon aus, daß wir noch zwei bis drei Jahre brauchen - so viel
Geduld müssen wir alle haben - bis wir auch anderenorts zu greifbaren
Ergebnissen, wie beim Projekt Gießen-Lich, kommen werden.
Es dauert seine Zeit, bis wir aus dem Stadium von reinen Planungen über
Baumaßnahmen und erste Pflegekonzepte wie Mahdversuche oder den Entschluß,
verbuschen zu lassen, hinaus sind.

Ein Menschenalter wird es beweisen, ob wir uns auf dem richtigen Weg befinden. Ich glaube, wir sind es.
Wenn man Herrn Prof. Heydemann zwei Stunden lang gehört hat, könnte man
meinen, man sei ein ganz kleines Würmchen, habe alles falsch gemacht und
werde nie dahin kommen, wie es richtig zu machen sei und wie man die
zweifellos vorhandenen riesigen Löcher unserer Kenntnisse und unseres
Wissens ausfüllen könne.

Wenn Sie dann eine Stunde Abstand zum Vortrag haben, werden Sie feststellen, daß es doch gar nicht so heiß ist, was er gekocht hat. Er
selbst gibt auch - und das macht ihn so sympatisch - viele Wagnisse in
seiner Arbeit zu.

Genau auf diesem Weg sollten wir fortfahren. Wir sollten uns nicht von
einem Fehlschlag entmutigen lassen. Wir sollten nicht gleich vor dem
ersten Griff vor Angst zögern, sondern durchaus mutig mal das eine oder
andere anpacken, so wie wir es schon in unserer zwanzigjährigen Arbeit
in der Vergangenheit getan haben.

Ich kann heute mit großer Genugtuung feststellen, daß sich in Naturschutzgebieten, die vor 10 bis 15 Jahren auf unseren Antrag hin ausgewiesen und entsprechend gepflegt worden sind, die in unseren damals
vorgelegten Gutachten genannten potentiellen Arten aus Fauna und Flora
in vielen Fällen eingestellt haben. Damit hat sich zumindest gezeigt,
daß wir mit der Auswahl der Fläche auf dem richtigen Dampfer gefahren
sind.

Ich möchte mit diesen Bemerkungen unsere Veranstaltung ausklingen
lassen. Abschließend will ich Ihnen aber noch ein paar gute Nachrichten
mit auf den Weg geben.
Wie einigen von Ihnen schon bekannt sein wird, hat das Hess. Ministerium
für Landwirtschaft und Forsten beschlossen, ein Waldrand-Schutzprogramm
in ganz Hessen durchzuführen. Es ist vorgesehen, in Süd-, Südwest- und
Südost-Expositionen zukünftig einen 30 m breiten Streifen nicht mehr zu
bewirtschaften, in den übrigen Expositionen einen solchen von 15 m.
Dort, wo schroffe Wald-Feld-Grenzen anstehen, wird ein Waldrand in
einem großflächigen Pflanzmuster neu angelegt.
Das Land Hessen hat insgesamt 25.000 km Waldränder. Über den Daumen ge-
peilt: bei 20 m Breite im Durchschnitt, sind ca. 50.000 ha Fläche betroffen. Davon sind etwa 50 % Staatswald, d.h. 25.000 ha werden bis
1991 in dieses Programm einbezogen.
Die Staatsforstverwaltung steht darüberhinaus in aussichtsreichen Verhandlungen mit dem Kommunalwald, so daß auch dort das Programm flächendeckend durchgeführt werden kann. Im Privatwald ist das eine andere
Sache.

Noch eine gute Nachricht: die Landwirtschaftsabteilung hat eine 310 ha
große Staatsdomäne zur Erprobung alternativer Wirtschaftsformen zur
Verfügung gestellt. Das staatliche Hofgut liegt bei Hofgeismar in einer
weitgehend ausgeräumten Landschaft. Der Pachtvertrag steht unmittelbar
vor dem Auslauf.
200 ha werden in der Zukunft nach verschiedenen, auch intensiv wissen-
schaftlich begleiteten Betriebsformen bewirtschaftet. Die verbleibenden 110 ha
werden für Biotope aller Art zur Verfügung gestellt.

Wir können beide Maßnahmen als richtige Schritte in die richtige Richtung
bezeichnen. Es ist besonders begrüßenswert, daß das neue Bundesnaturschutz-
ministerium sich bereiterklärt hat, den hessischen landwirtschaftlichen

Großversuch mit 1,5 bis 2 Mio. DM über einige Jahre verteilt, zu unterstützen. Voraussetzung dafür ist, daß das Land Hessen einen Eigenanteil
von mindestens 30 % dieser Summe aufbringt.
Möglicherweise wird die Stiftung Hess. Naturschutz auch einen finan-
ziellen Beitrag zum Gelingen des Projektes leisten.

Willy Bauer
Naturlandstiftung Hessen e.V.
Hess. Gesellschaft für Ornithologie und Naturschutz
Schneckenhofstr. 35
6000 Frankfurt

Teilnehmerliste

Ackermann, M.	6000 Frankfurt/Main	SDW Landesverband
Aichmüller, R.	3550 Marburg	privat
Albracht, E.	3578 Schwalmstadt 1	HGON BUND
Amann, A.	6100 Darmstadt	LJV
Arnold, J.	6366 Wölfersheim	privat
Artens, A.	6000 Frankfurt/Main 1	NZH
Augustat	6390 Usingen	ALL Usingen
Baalmann, M.	2800 Bremen 1	privat
Bachmann, M.	6250 Limburg	ALL Limburg
Bauer, W.	6000 Frankfurt/Main	NLS Vorstand, HGON
Bäuerle, M.	6100 Darmstadt	1. Kreisbeigeordneter
Bauknecht, H.	3500 Kassel	RP - Kassel
Baumgart, H.	3508 Melsungen	Stadt
Baun, D.	6400 Fulda	NLS Fulda
Bastian, H.G.	5000 Köln	DBV
Bechtold, W.	6302 Lich	Architekt
Becker, H.	3579 Jesberg	Kreis Schwalm-Eder
Beinlich, B.	3500 Marburg	Bioplan
Bellingen	6420 Lauterbach	ALL Lauterbach
Bembeck, M.	6300 Gießen	NZH
Belz, A.	5927 Elbrück	BNV/DBV
Bender, T.	6100 Darmstadt	BFN, Darmstadt
Berg, G.	6380 Bad Homburg	Magistrat
Bergmeier, U.	6331 Hohenahr-Erda	privat
Berlich, Dr. H.D.	6352 Ober-Mörlen	NLS Wetterau
Best, Dr. W.	6330 Wetzlar	NLS Vorstand
Biegel, R.	6052 Mühlheim	Stadtbauamt Mühlheim
Birk, E.	6333 Braunfels	NLS
Birnthaler, J.	6300 Gießen-Allendorf	privat
Blankenhorn, B.	6200 Wiesbaden	NZH
Blei, D.	6320 Alsfeld	Stadt Alsfeld
Böger, K.	6100 Darmstadt	privat
Böhr, Dr. H.J.	6200 Wiesbaden	HMUE
Bönsel, D.	6300 Gießen	privat
Boettcher, P.	6330 Wetzlar	LJV
Böttner, H.	6320 Alsfeld	ALL Hanau
Bogner, Dr. W.	7000 Stuttgart	Ministerium f. Umwelt
Bopp, A.	6293 Löhneberg 1	Jägervereinigung Oberlahn
Borgerling, T.	6420 Lauterbach	ALL
Brand, D.	6340 Dillenburg	ALL Gießen, Außenst.Dillbg.
Brand, H.	6497 Steinau	Kreisjagdverein Schlüchtern, BUND
Baun, W.	6300 Gießen	Forstamt Gießen
Breitschwerdt, G.	6000 Ffm.	Zentrale f. Umweltforschung
Bremberger	6100 Darmstadt	privat
Briese, Dr. D.	3550 Marburg	UNB Marburg-Biedenkopf
Brockmann, E.	6350 Bad Nauheim	NLS Landesgeschäftsstelle
Brütt, E.	3000 Hannover 61	Landesjägerschaft
Brütt, R.	3000 Hannover 61,	Landesjägerschaft
Busch, Dr.	6368 Bad Vilbel	privat
Busse, J.	6300 Gießen	AONB - Gießen
Burger, E.	5928 Laasphe	BNV/DBV
Burger, U.	6000 Ffm.	NLS Frankfurt

Carstensen, M.	6300 Gießen	privat
Celsen	3578 Schwalmstadt 1	Hess. Forstamt
Cezanne, R.	6100 Darmstadt	TH Darmstadt
Damaschke	6310 Grünberg 1	Stadt Grünberg
Deeg, S.	6350 Bad Nauheim	NLS Landesgeschäftsstelle
Dennhöfer, W.	6320 Alsfeld	Stadt Alsfeld
Desgroseilliers, G.	6300 Gießen	Deutsche Presseagentur
Detert	6330 Wetzlar	LJV, NLS Lahn-Dill,NSB
Detmer, D.	5300 Bonn	NZH
Dienwiebel, B.	3500 Kassel	AG Stadt
Döge, U.	3552 Wetter	DBV
Doll, A.	6000 Ffm. 71	BUND
Donner, W.	6349 Greifenstein 1	ALL Limburg
Dresen, B.	3256 Villmar 1	ALL Limburg
Droste, M.	6348 Herborn	NZH
Eggert, U.	6500 Mainz	DBV Rheinland-Pfalz
Ehmke, Dr. W.	6200 Wiesbaden	HMUE
Eichler, M.	6074 Rödermark	TH Darmstadt
Eckstein, R.	6320 Alsfeld	Stadt Alsfeld
Emmerich, H.	6232 Bad Soden	privat
Engelhard, K.	3550 Marburg	Jugendwerkstatt Schwalmstadt
Enzweiler, K.	4020 Mettmann	privat
Enzweiler, J.	4020 Mettmann	privat
Ewert, H.	4020 Mettmann	privat
Feez, J.	6300 Gießen	Presse
Fenske	6209 Heidenrod 12	UNB Rheingau-Taunus-Kreis
Ferner, K.	6070 Langen 1	HGON, DBV
Fey, B.	6362 Wöllstadt 1	NZH
Fippl, R.	6333 Braunfels	HGON, NLS
Fischer, J.	6200 Wiesbaden	Staatsminister f. Umwelt u. Energie
Fischer, K.	6100 Darmstadt	SDW
Fischer, A.	6420 Lauterbach	privat
Fischer, U.	6251 Birlenbach	UNB Limburg-Weilburg
Frey, K.	6320 Alsfeld	NLS, HGON, VSW
Freyer, A.	6497 Steinau	HGON, BUND
Friedel	6300 Gießen	Gartenamt
Friedl, W.	6312 Lauterbach 5	privat
Friedrich	3548 Arolsen	SDW, NLS
Fritz, B.	5439 Irmtraut	ALL Limburg
Fritz, W.	6304 Lollar-Odenhausen	KBV Wetzlar
Funk, E.	3500 Kassel	AONB Kassel
Geike, D.	6251 Niedernhausen	Umlandverband Ffm.
Geis, M.	6452 Hainburg	ALL Hanau
Georg, F.W.	6333 Braunfels	DBV, NLS Vorstand
Göbel, K.H.	6336 Solms	AONB Gießen
Göbel, S.	6300 Gießen	Büro f. Umweltanalyse
Görner, W.	6293 Lohnberg 2	Jägervereinigung Oberlahn

Gräf, H.	6251 Beselich	ALL Gießen
Graf	6238 Hofheim	NLS Main-Taunus-Kreis
Graeser, K.	6407 Schlitz	UNV, OF / privat
Graulich, R.	6100 Darmstadt	LJV
Greischaf, G.	6251 Hd. 5	ALL Limburg
Grieb, H.	6309 Münzenberg	Jägervereinigung Butzbach
Groß, P.	3550 Marburg	Bioplan
Große-Brauckmann, Prof.Dr.	6100 Darmstadt	BVND
Growersen		ALL
Grote, A.	6320 Alsfeld 3	privat
Gombert	5000 Köln 80	DBV
Gonsier, U.	3550 Marburg	privat
Günther, Dr.	6950 Mosbach	privat
Gunkel, H.	3588 Homberg/Efze	Kreis Schwalm-Eder
Haas, H.	6420 Lauterbach	ALL Lauterbach
Hahnenberg, Dr.	6368 Bad Vilbel	1. Frankfurter Jagdverein
Hager, A.	6300 Gießen	privat
Haltzmann	6434 N-Aula	ALL Alsfeld
Hartbodt, A.	6000 Frankfurt 61	Staatl. Vogelschutzwarte
Hartherz, P.	6390 Usingen	MdL (SPD)
Hartmann, D.	6340 Dillenburg	ALL Gießen
Hartnagel, F.	6141 Einhausen	NLS Bergstraße
Hartung, J.	6350 Bad Nauheim	NLS Landesgeschäftsstelle
Hebbe, M.	3508 Melsungen	DBV
Heidt, E.	6350 Bad Nauheim	Biol.Arb.Gem.Mittelhessen
Heil, Dr. H.	6420 Lauterbach	NLS Vogelsberg-Kreis
Heil, G.	6000 Frankfurt	NLS Ffm.
Heiland, H.	6233 Kelkheim	Stadtbaumeister
Heim, E.	6301 Reiskirchen	BUND
Heimer, W. Dr.	6114 Groß Umstadt	HGON, DBV, Darmst.-Dieburg
Heimes	6300 Wetzlar	NZH
Heinrich, K.	6148 Heppenheim	UNB Heppenheim
Heintze, G.	6200 Wiesbaden	HLFU
Heise, F.	3550 Marburg	privat
Heldmann, V.	6369 Nidderau	privat
Helfenbein, W.	6393 Wehrheim	Presse
Helm, S.	6330 Wetzlar	NZH
Hemberger	6056 Heusenstamm	NLS Offenbach
Henkel, W.	3550 Marburg	UNB, Umlandverb. Marburg
Herpel, H.	6395 Weilrod	NLS Hochtaunus
Hessler, F.	6302 Lich	NLS Gießen
Hetzel, F.	6233 Kelkheim	privat
Heydemann, Prof.Dr.B.	2300 Kiel	Universität Kiel
Hildebrand, R.	6600 Saarbrücken	BUND / BUFO
Hodvina, S.	6087 Büttelborn	BVNH
Hofer, D.	8000 München	Wildbiolog.Gesellschaft
Hofmann, H.	3551 Lahntal 1	privat
Hoffmann, B.	6600 Saarbrücken	Landesentwickl.Gesellschaft
Hoffmann, A.	3550 Marburg	privat
Hogerland, H.	6457 Maintal 3	BUND
Hohmann, M.	6100 Darmstadt	TH Darmstadt
Holler, R.	6301 Pohlheim 3	HGON
Hollunder, H.	6360 Friedberg	UNB Wetteraukreis
Honsberg	6140 Bensheim 1	Umlandverband Ffm.
Husemann, M.	6300 Gießen	Frankfurter Rundschau

Jansen, R.	6222 Geisenheim	Büro f. Landschaftspflege
Jedicke, E.	6301 Wettenberg 2	privat
Jung, H.	6204 Taunusstein 1	NZH - Lehrgang
Jungelen, H.	6200 Wiesbaden	UNB Stadt Ffm.
Just	6148 Heppenheim	Kreis Bergstraße
Kaiser, H.	3540 Korbach	Kreisausschuß, UNB Korbach
Kaldyk, H.	3501 Fuldatal 1	Stadt Vellmar
Keller, Ch.		privat
Kemp	6321 Alsfeld	ALL Alsfeld
Kempf, M.	6100 Darmstadt	TH Darmstadt
Kerber, M.	6232 Bad Soden 3	ALL Usingen
Keyser-Olosoga	6300 Gießen	NZH
Kirchner, W.	6350 Bad Nauheim	NLS Landesgeschäftsstelle
Kist, U.	3550 Marburg	UNB Marburg-Biedenkopf
Klee, R.	6301 Fernwald	NZH
Klein, W.	6350 Bad Nauheim	Batelle-Institut
Klein, W.	3550 Marburg	FB Biologe
Knebel, v.V.	6350 Bad Nauheim	NLS Limburg-Weilburg
Knoll, W.	6233 Kelkheim	NLS Main-Taunus
Kohlhaas		DBV
Kohlhepp, I.	3432 Groß-Almerode	GRÜNE
Kositschk, D.	6330 Wetzlar	NZH
König, T.	6303 Hungen	Magistrat Hungen
Köster, E.	6331 Waldsolms	ALL Usingen, NLS
Köster, A.	6330 Wetzlar	DBV
Köting	6232 Bad Soden 3	ALL Usingen
Kraft, M.	3550 Marburg	Philipps-Universität Marbg.
Kranz, E.	6100 Darmstadt	DBV
Krapf, G.	3108 Weisen	DBV
Kriegeskarte, A.	6301 Reiskirchen 2	privat
Kress	6000 Ffm. 90	NZH
Kretschmar, S.	6277 Bad Camberg	HLFU
Krug, N.	3550 Marburg	ALL Marburg
Krüger, R.		HGON, BFN Kassel
Kubart, R.	3550 Marburg	FB Biolog.
Kunz, M.	6238 Gehlert	privat
Kühn, H.	6520 Worms	NLS Bergstraße
Kunik, Prof. Dr.W.	3500 Kassel	Gesamthochschule Kassel
Lachnit, J.	6050 Offenbach	Forstamt Neu Isenburg
Laier, F.	6051 Schefflenz	DBV
Landgrebe, U.	3508 Melsungen	Stadt Melsungen
Langenhausen	3579 Frielendorf	privat
Langsdorf, A.	6309 Rockenberg	ALL Darmstadt
Laser, W.	6300 Gießen-Petersweiher	privat
Lehmann, B.	3550 Marburg	privat
Leicht, H.	6301 Wettenberg 1	Hess. Forstamt Gießen
Leichter, B.	6301 Pohlheim	NZH
Lemb, N.	6330 Wetzlar	NZH
Lessing, G.	6000 Ffm. 1	VSW
Liebnum	6200 Wiesbaden	HELELL
Lindner, K.	6300 Gießen	AONB Gießen

Liphardt, W.	3500 Kassel	BFN Kassel
Lommel, Dr.	6140 Bensheim 3	ArGemHess. Naturparke
Lonis, P.	6303 Hungen 11	DBV
Lorenz, G.	6250 Limburg 4	ALL Limburg
Luer, I.	6303 Hungen 1	UNB Limburg
Lüdecke, M.	3550 Marburg	AONB Marburg
Lühr, A.	6310 Grünberg	NZH
Luley, H.	6478 Nidda	VER Melsungen
Maaß, D.	6200 Wiesbaden	UNB
Macht, W.	6303 Hungen 1	DBV
Macht, H.E.	3579 Seigertshausen	Jugendwerkstatt
Macklung, B.	6392 Neu Anspach	ALL Usingen
Maier, E.	6330 Wetzlar	NZH
Mannleutert		UNB
Manz, Dr. D.	6300 Gießen	Umweltamt Gießen
Martens, B.	6000 Frankfurt	Senckenberginstitut
Mayer, R.	3587 Bakenb.	BUND
Mederake, E.	6100 Darmstadt	privat
Mederake, H.	6100 Darmstadt	SDW
Meier, R.	6301 Reiskirchen	privat
Meier, W.	Limburg	ALL Limburg
Meinert, W.	6200 Wiesbaden	HGON
Mensching, G.	5000 Köln 51	LJV Nordrhein-Westfalen
Menius, H.J.	6239 Eppstein	HGON
Meobus, R.	6148 Heppenheim	AONB Heppenheim
Möller, B.	6332 Ehringshausen	privat
Möller, M.	3556 Weimar	MdL (CDU)
Möller, A.	6332 Ehringshausen	privat
Molder, H.	6238 Hofheim	Gartenamt Hofheim
Mohr, Dr. G.	6254 Elz	ALL Limburg, NLS, HGON
Momper, P.	6300 Gießen	Büro f. Umweltanalyse
Moog, C.	6148 Heppenheim	AONB Heppenheim
Möller, F.	6412 Gersfeld-Hettenhaus.	AKWJ, HGON
Müller, R.W.	6053 Obertshausen	NLS Vorstand
Müller, K.	6302 Lich	privat
Musch, B.	6350 Bad Nauheim	NLS Landesgeschäftsstelle
Muth, G.	6106 Erzhausen	NLS Darmstadt
Nachtigall, J.	6457 Maintal 4	HGON
Neidsardt, Dr. R.	6450 Hanau-Groß-Auheim	BUND, NSB Hanau
Nies-Steffen	3501 Fuldabrück 1	BFN Kassel
Niggemeyer, R.	3550 Marburg	UNB Marburg
Nitsche, L.	3500 Kassel	AONB Kassel
Nolte, K.	6312 Laubach 3	Stadt Laubach
Oertel, G.	2800 Bremen 1	privat
Oestrich, E.	6420 Lauterbach	ALL Alsfeld
Orf, G.	6148 Heppenheim	ALL Heppenheim
Ott	6200 Wiesbaden	ALL Reichelsheim
Osterndorff	2853 Dorum	privat

Paulitz, H.	6104 Seeheim	Kreisausschuß (UNB)
Paulus	6430 Bad Hersfeld	NLS Hersfeld-Rotenburg
Pegel, Dr. M.	6300 Gießen	AKWJ
Peltzer, H.	6200 Wiesbaden	HELELL
Pfromm, R.	3500 Kassel	RP Kassel
Philipp, R.	6300 Gießen	AONB Gießen
Pitzke, Ch.	3551 Lahntal 3	privat
Pohlmann, J.	6330 Wetzlar	NZH
Poluska, R.	3550 Marburg	Bioplan
Posern, E.	6350 Bad Nauheim	NLS Landesgeschäftsstelle
Preller, G.	6390 Usingen 5	privat
Preller, S.	6390 Usingen 5	privat
Pyriki, Dr. S.	6200 Wiesbaden	VHS
Rabitz	6234 Hattersheim	Stadt Hattersheim
Rau, A.	6141 Einhausen	NLS Bergstraße
Rathay, H.	6314 Ulrichstein 1	privat
Rausch, G.	6326 Romrod 3	ALL Alsfeld
Reck, B.	3550 Marburg	Studentin
Recke, v.d.	6000 Frankfurt	Hessischer Rundfunk
Riehl, G.	3578 Schwalmstadt	Hess. Forstamt
Riess, Dr. W.	8000 München 81, STMLU	Umweltministerium Bayern
Resin	6148 Heppenheim	Kreis Bergstraße
Richard, M.	6200 Solm	UNB Limburg-Weilburg
Roller	6204 Taunusstein	HLFU Wiesbaden
Röther, Dr. K.	3557 Ebsdorfergrund	Gießener Anzeiger
Rötlich, H.	6300 Gießen	privat
Ronier, v. B.	6242 Kronberg	privat
Rossbach, Dr. R.	6000 Frankfurt	Staatl. Vogelschutzwarte
Rothenburger, V.	6050 Offenbach	UNB Offenbach
Rühl, Dr. R.	6000 Frankfurt	Autobahnamt Frankfurt
Rühling, S.	3500 Kassel	Stadt - Land - Büro
Runkwitz	6100 Darmstadt	BFN Darmstadt
Rupp, H.J.	6424 Giebenhain 2	BFN Darmstadt
Ruckert	6200 Wiesbaden	HMUE
Rustler, H.	6052 Mühlheim/M.	Bauamt
Ruth, W.	3555 Fronhausen	ALL Gießen
Schab, M.	6300 Gießen	AONB Gießen
Schäfer, A.	6301 Pohlheim	privat
Schäfer, K.-D.	6200 Wiesbaden	SDW
Schäfer, Prof.Dr.K.	6430 Bad Hersfeld	HLF
Schäffner, W.	6253 Hadamar	HGON, NLS
Schabran	6100 Darmstadt	RP Darmstadt
Scheja, Dr. G.	6330 Wetzlar	NZH, HGON
Scheicher, W.	5920 Bad Berleburg	NZH
Schemann, L.	6300 Gießen	privat
Schinkel, P.	7819 Denzlingen	Forstzool.Institut, Freibur
Schindler, T.	6411 Künzell	ALL Fulda
Schlosser, E.	6301 Fernwald	Forstamt Gießen, SDW
Schlosser, A.	6310 Grünberg	NZH

Schissel, H.	3551 Lahntal	NZH
Schmid, H.	6078 Neu-Isenburg	privat
Schmidt, Dr. G.	3500 Kassel	Gesamthochschule Kassel
Schmidt, J.	6465 Bicher	Stadt Gelnhausen
Schnedler, W.	6300 Gießen	AONB Gießen
Schöck, P.	3550 Marburg	UNB - Marburg
Schönfeld	6393 Wehrheim 3	UNB
Schmoll, H.J.	3501 Habichtswald	HGON, Naturpark Habichtswald
Schmoll, S.	3501 Habichtswald	DBV
Schneider, E.	3580 Fritzlar	Kreisverband Schwalm-Eder
Schneider, S.	6312 Laubach 1	privat
Schreiber, B.	6232 Frankfurt-Nied	HGON
Schreiber, B.	6100 Darmstadt	RP Darmstadt
Schröder, H.	6100 Darmstadt	RP Darmstadt
Schröder-Bergen, I.	6330 Wetzlar	NZH
Schreiner, K.	6330 Wetzlar	DBV-LV-Hessen
Schüler-Fluhr	3550 Homberg	Kreisverwaltung
Schütz, Dr. W.	6228 Eltville 1	HLFU
Schulz, J.	3550 Marburg	AONB Marburg
Schulz, W.	8000 München	Wildbiolog.Gesellschaft
Schulz-Isenbeck, H.	6380 Bad Homburg	Jagdverein
Schuster, K.H.	3501 Niestetal	NLS Vorstand
Schramm	3500 Kassel	Planungsgruppe Stadt - Land
Schrott, H.	6304 Lollar	privat
Schwab, G.	6452 Hainburg	Gemeinde
Schwalm, H.	3501 Fuldatal	ALL Lauterbach
Schwarz, K.	6300 Gießen	Hess. Forstamt Gießen
Schwedes	6300 Gießen	BFN, AONB Gießen
Scriba, W.	6474 Ortenberg	Ortslandwirt
Seibold ,L.	6302 Lich	Bürgermeister
Seiler, Dr. K.	6390 Usingen 5	NLS Hochtaunus
Seuring, M.	6402 Großenlüder	ALL Fulda
Solms-Hohensolms, P. Fürst zu	6302 Lich	NLS Gießen
Spengler, Dr.	6231 Schwalbach	Jagdclub Main-Taunus
Snowdon, Dr.	3540 Korbach	ALL Korbach
Sprankel, B.	6300 Gießen	Bez.Sparkasse Gießen
Stein, J.	6342 Haiger	HGON
Steinmetz, Prof.Dr.H.J.	6200 Wiesbaden	HMLF
Steinmetz, Dr. H.	6350 Bad Nauheim	NLS Landesgeschäftsstelle
Stranz, W.	6309 Münzenberg	BUND
Stipller-Birk	6333 Braunfels	AG Usingen
Stroscher, K.	6300 Gießen	DBV
Strubin, W.	3578 Schwalmstadt	LJV
Stühlinger, P.	6330 Wetzlar	DBV
Tegethoff, B.	5300 Bonn	NZH
Thumfart, Ch.	6303 N'gemünd	DBV
Tonner, G.	6350 Bad Nauheim	NLS Landesgeschäftsstelle
Trachte, U.	3540 Korbach	ALL Korbach
Trautwein, S.	6300 Gießen-Wieseck	privat
Treber, D.	6082 Mörfelden	GRÜNE im Landtat
Trostmann	6302 Lich 1	ALL Gießen
Twardella, R.	5902 Wilnsdorf 5	privat

Vahle, Dr.	3500 Kassel	AONB Kassel
Veit, R.	6300 Gießen	Landrat
Voll	6300 Gießen	AONB Gießen
Völzel, A.	6300 Gießen	Gießener Allgemeine
Wagner, J.	6000 Frankfurt 1	privat/NZH
Wagner, M.	6100 Darmstadt	NLS Darmstadt-Dieburg
Wagner, P.	6393 Weilrod	NLS Hochtaunus
Wagner, G.	6200 Wiesbaden	ALL Wiesbaden/NLS
Weiss, Dr. J.	4350 Recklinghausen	LÖLF
Weiß, A.	6104 Seeheim-Jugenheim	HLFU
Weiss, M.	6052 Mühlheim/Main	Bauamt
Weber, E.	6457 Maintal 4	HGON
Weißbecker, M.	6100 Darmstadt	TH Darmstadt
Werner, M.	6350 Bad Nauheim	Magistrat
Werner, S.	6330 Wetzlar	NZH
Westermann, G.	3500 Kassel	BFN Kassel
Westphal, Dr.	6330 Wetzlar	NZH
Widdig, T.	3550 Marburg	privat
Wilke, O.	6200 Wiesbaden	MdL (FDP)
Windgasse, J.	6330 Wetzlar	NZH
Wohlgemuth	3500 Kassel	ALL Kassel
Wollenhaupt, Dr. H.	6350 Bad Nauheim	NLS Landesgeschäftsstelle
Wulff, K.	6300 Gießen	privat
Zantopp, P.	6300 Mainz	privat
Zapf, E.	6308 Butzbach	Jägerverein
Zimmer, Prof. Dr. W.	6100 Darmstadt	RP Darmstadt
Zimmermann, Dr. A.	6230 Frankfurt/M. 80	Höchst AG
Zimmermann, W.	3583 Wabern 6	privat
Zurmähle, H.J.	7800 Freiburg	privat

Abkürzungen

AKWJ	Arbeitskreis Wildbiologie u. Jagdwissenschaft
ALL	Amt für Landwirtschaft u. Landentwicklung
AONB	Außenstelle Obere Naturschutzbehörde
BFN	Bezirksdirektion Forsten u. Naturschutz
BUFO	Bundesforschungsanstalt für Naturschutz und Landschaftsökologie
BUND	Bund für Umwelt und Naturschutz Deutschland
BVNH	Botanische Vereinigung für Naturschutz Hessen
DBV	Deutscher Bund für Vogelschutz
HELELL	Hessisches Landesamt für Ernährung, Landwirtschaft u. Landentwicklung
HMLF	Hessisches Ministerium für Landwirtschaft und Forsten
HGON	Hessische Gesellschaft für Ornithologie u. Naturschutz
HLF	Hessische Lehr- und Forschungsanstalt für Grünlandwirtschaft u. Futterbau
HLFU	Hessische Landesanstalt für Umwelt
HMUE	Hessisches Ministerium für Umwelt und Energie
KBV	Kreisbauernverband
LJV	Landesjagdverband Hessen
LÖLF	Landesanstalt für Ökologie, Landschaftsentwicklung u. Forstplanung Nordrhein-Westfalen
MdL	Mitglied des Landtages
NLS	Verein Naturlandstiftung Hessen
NSB	Naturschutzbeirat
NZH	Naturschutzzentrum Hessen
RP	Regierungspräsidium
SDW	Schutzgemeinschaft Deutscher Wald
TH	Technische Hochschule
UNB	Untere Naturschutzbehörde
VHS	Verband Hessischer Sportfischer
VSW	Staatliche Vogelschutzwarte